Mein Herz schlägt in Kiel

Angelika Volquartz

Mein Herz schlägt in Kiel

Persönliches und Politisches

Lebensnotizen

Wachholtz

ERSTES KAPITEL

Träume

Lebensnotizen *oder* »Gebrauchsanweisung zum Lesen«

Wenn ich morgens aufstehe und an mein bisheriges Leben denke, bin ich ein glücklicher Mensch. Die Gesamtsumme der Erlebnisse scheint mehr als die Erfahrungen jedes einzelnen Tages. In diesem Buch möchte ich mit Ihnen einzelne Erlebnisse teilen. Anekdoten und Erinnerungen, Persönliches und Politisches, Ansichten und Aussichten habe ich bunt gemischt aufgeschrieben. Es sind Lebensnotizen ohne Anspruch auf Vollständigkeit.

Das Buch ist keine chronologische Biografie und kein politisches Manifest, es enthält keine eitle Betrachtung und keine durchgearbeitete Handlung, aber aus der Vielzahl der Einzelimpressionen fügt sich dann, so hoffe ich, doch ein Gesamtbild meines Lebens und meiner Liebe zu Kiel und den Menschen, die dort leben, zusammen.

Diese Struktur des Buches erlaubt es Ihnen, von A bis Z zu lesen oder frei zwischen den einzelnen Kapiteln hin und her zu springen.

Ich wünsche Ihnen viel Freude beim Lesen!

Angelika Volquartz

ZWEITES KAPITEL

Die Schule des Lebens

Fleethörn *oder* »Spiegeleier mit Wodka«

Im Oktober 1967 brachten mich meine Eltern nach Kiel zum Studium. Wir hatten eine Studentenbude in der Nähe der Universität gefunden, in die ich mit Sack und Pack einzog. Als meine Eltern wegfuhren, heulte ich Rotz und Wasser und hatte es doch genau so gewollt. Die Christian-Albrechts-Universität war damals die einzige Universität, an der man die Fächerkombination Biologie und Geografie für das Lehramt an Realschulen studieren konnte und eben dies war meine Traumkombination. Ich hatte den Ehrgeiz, mein Studium möglichst schnell durchzuziehen, aber das Leben hatte einige Überraschungen für mich bereit. Schon nach kurzer Zeit lernte ich den Mann meines Lebens kennen, im Jahr 1968 heirateten wir, und im Sommer 1969 kam unsere Tochter Tina zur Welt. So begann eine Zeit des Jonglierens zwischen Familie, Studium und auch Studentenleben in den wilden 68er-Jahren.

In den ersten Tagen des Studiums hatte ich mir bei einer Presseagentur gleich einen Studentenjob gesucht. Die Aufgaben waren interessant, damals in den Zeiten weit vor E-Mail, Internet oder auch Computer ging es darum, Texte zu schreiben oder zu redigieren, zum Teil auch selbst zu verfassen und dann ganz klassisch zur Post zu bringen. Eines Tages gestand mir der Chef, er habe am Abend vorher nach einer lustigen Runde unter Alkoholeinfluss sein Auto irgendwo stehen lassen, könne sich aber nicht mehr erinnern, wo das war, und bat mich um Hilfe. Ich habe mich dann auf die Suche nach seinem Auto gemacht und es auch tatsächlich gefunden. Als Dank bot er mir an, mich zum Abendessen einzuladen. Ich entgegnete ihm, ich sei so erzogen, dass ich nicht allein mit einem verheirateten Mann ausgehen wolle. Er fragte mich dann, ob ich mitkommen würde, wenn noch zwei Freunde von ihm dabei seien. Dagegen wusste ich nichts mehr einzuwenden, worauf er zwei Freunde anrief, und so gingen wir dann zu viert ins Lokal »Heinrich VIII.«, das ja bis heute existiert. Einer der Freunde war ein gewisser Klaus Volquartz. Wir siezten uns alle, aber es wurde ein sehr fröhlicher Abend, und als ich zu Hause ankam, entdeckte ich einen Zettel, der mir zugesteckt worden war. Ich kombinierte, dass eigentlich nur er es gewesen sein konnte, der mir den Zettel zugesteckt hatte. Trotzdem zögerte ich, die Nummer anzurufen. Erst am übernächsten Tag ging ich in eine Telefonzelle und wählte die Nummer. Klaus Volquartz nahm den Hörer ab und sagte, er könne nicht mit mir sprechen, er müsse Socken waschen. Ich war auf das Höchste irritiert und dachte bei mir: »Hätte ich das bloß nicht gemacht.« Aber es verging kaum eine Stunde, da stand er schon vor meiner Tür und so begann eine gemeinsame Reise, die nun schon über 50 Jahre währt. Wir waren Hals über Kopf ineinander verliebt, verlobten uns zur Überraschung beider Elternpaare nach meinem ersten Semester, heirateten nach dem zweiten Semester und schon im dritten Semester war ich schwanger.

Damals war ich wohl die einzige schwangere Studentin an der Universität und es wurde mit Argwohn betrachtet, dass ich trotzdem mein Studium fortführen wollte. Für mich war das nie ein Thema, ich war ja Feuer und Flamme für das Studium. Dennoch erforderte es von allen Beteiligten Durchhaltevermögen und Improvisationsbereitschaft.

Im vierten Semester pausierte ich, und als Tina dann zur Welt gekommen war, ging es weiter mit dem Studium. Klaus arbeitete inzwischen in der Landtagsverwaltung und nahm Tina manches

Mal dorthin mit. Am Wochenende, wenn ich lernen musste, unternahmen Vater und Tochter oft Ausflüge ins Museum. Freunde und Verwandte halfen mit. Meine Eltern kamen, wann immer es ging, auch wenn sie 200 Kilometer entfernt wohnten.

Die meisten meiner Professoren hatten viel Verständnis, auch wenn ich manchmal in den Vorlesungen fehlte. In der Prüfungsvorbereitung war ich allerdings auf die Literatur aus der Präsenzbibliothek, die nur unter der Woche geöffnet war, angewiesen. Und so kam ich einmal in die Situation, dass ich eines der Standardwerke unbedingt für die immer knapper werdende Lernzeit brauchte, die Bibliothek aber eben über das Wochenende schloss. Ich bat darum, dass ich das Standardwerk gegen alle Regeln mit nach Hause nehmen darf, der Professor willigte nach Zögern ein und ermöglichte so das, was alle damals für unmöglich hielten. Ich lernte den Stoff, bestand die Prüfung und schaffte das Studium.

In der Fleethörn bezogen wir unsere erste gemeinsame Wohnung, dort feierten wir auch Tinas Taufe mit den Großeltern. Tagsüber lernte Tina im Flur Dreiradfahren, nachts lernte ich den Vorlesungsstoff. Aber auch der Spaß kam nicht zu kurz und so gab es oft Studentenfeten in unserer Wohnung, legendär mit Orangensaft und Wodka. Wenn wir nicht mehr ganz nüchtern waren, machte ich kurz vor Mitternacht Spiegeleier für alle. Und daran erinnern sich unsere Freunde bis heute. So mag unsere Lebenssituation damals nicht alltäglich gewesen sein, aber sie war richtig für uns. Wir waren sicher nicht die Speerspitzen der revolutionären 68er-Bewegung, aber wir hatten den Ehrgeiz, frei und selbstbestimmt miteinander zu leben und zu beweisen, dass sich Familie und Beruf eben doch miteinander vereinbaren lassen.

Heimat *oder* »Mein Herz schlägt in Kiel und anderswo«

Heimatschutzministerium: Wer hätte gedacht, dass Deutschland – inspiriert durch Amerika – je so ein Institut brauchen und auch tatsächlich gründen würde. Der Heimatbegriff ist politisch viel zu sehr instrumentalisiert worden. Hier und heute versuche ich einen persönlichen Zugang zu diesem Begriff. Heimat bedeutet für mich erst mal mein Zuhause. Geboren bin ich in Uelzen und all meine Jugend- und Kindheitserinnerungen führen mich in Gedanken in diese sympathische Stadt. Die Grundschule, das Lessing-Gymnasium, der Stadtkern, unser ehemaliges Wohnhaus und, seit meine Eltern nicht mehr sind, auch der Friedhof sind meine geografischen Anknüpfungspunkte, von denen aus die Erinnerungen sich auf ihren Bahnen durch die Stadt bewegen. Seit dem Studium ist mir Kiel als Heimat ans Herz gewachsen, Kiel ist der Ort, an dem meine Träume spielen, was für Freud untrügliches Zeichen der Heimatbindung ist. Die Stadt ist mir vertraut, aus den verschiedenen Pulsen, die ich in den einzelnen Stadtteilen spüre, der Hafenluft und der Förde als bestimmendes Element der Stadt am Wasser ergibt sich eine Symphonie der Stadt, die des Tags und zur Nacht ihre Melodie verändert, aber aus sich heraus unverwechselbar ist. Dazu gehören die Menschen Kiels und das Netzwerk, das sie miteinander bilden, eine demokratische, offene Gesellschaft, in der man sich aufeinander verlassen kann und darauf, Hilfe zu bekommen, wenn Notsituationen entstehen. Hier ist der Ort, an dem ich sagen kann, »ich bin zu Hause«, wenn ich nach Hause komme. Das ist und bleibt so.

Heimatgefühle empfinde ich aber auch an anderen Orten, die ich mit Erlebnissen und Menschen verbinde. Seit frühester Kindheit

bin ich eng mit Berlin verbunden, und obwohl ich kaum eine Stadt kenne, die sich so gewandelt hat nach dem Krieg, nach dem Mauerbau, nach der Wende bis heute, ist die Stadt mir vertraut – wie ein Lieblingskleidungsstück oder eine alte Bekannte – und sich immer treu geblieben.
Wo auch immer unsere Tochter war, haben wir ein Stück Heimat entdeckt, sei es in ihrer Studienstadt Passau, sei es in den Städten Karlsruhe und Stuttgart, in denen sie mit ihrer jungen Familie lebte. Und durch die Familie unseres Schwiegersohnes haben wir im Chiemgau und in Salzburg eine Teilzeitheimat entdeckt. Das alte Gebiet des Rupertiwinkel, dem Einzugsgebiet der damaligen Residenzstadt Salzburg, ist eine uralte Kulturlandschaft, in der sich See und Berge treffen, in der Skifahren und Schwimmen nur ein paar Kilometer entfernt liegen. Wir waren inzwischen so oft dort, dass auch die Reisen dorthin den Effekt des heimatlichen Erkennens in uns wachrufen. Dazu brauche ich kein Heimatschutzministerium, sondern Menschen um mich, die ich liebe und schätze. Meine Heimat kann ein Gefühl und ein Ort sein. Und mein Heimatgefühl wird von einer Seebrise in Kiel am meisten beflügelt.

Meine Eltern *oder* »Österreich trifft Preußen«

Das Schicksal des 20. Jahrhunderts wollte es, dass sich Menschen kennengelernt haben, die sich sonst nie getroffen hätten, wenn sie – wie in den Jahrhunderten davor üblich – in ihrer Heimat geblieben wären. Das trifft auch auf meine Eltern zu. Mein Vater stammt aus Berndorf in Österreich und ist nicht in, aber mit den Bergen aufgewachsen. Meine Mutter ist im brandenburgischen Ort Kremmen geboren und in Berlin aufgewachsen. Eines Tages, als sie mit einer Freundin durch Bayern reiste, wollten die beiden den Wendelstein besteigen. Sie waren also aufwärts unterwegs, als ihnen ein fescher junger Mann begegnete, der bergabwärts ging und sie ansprach: »Meine Damen, da kommt ein Gewitter. Sie sollten umkehren. Das wird ungemütlich.« Sie folgten dem Rat und kehrten gemeinsam in einer Hütte ein. Das Gewitter kam tatsächlich, und meine Mutter hatte den Eindruck, dass der junge Mann, der mein Vater werden sollte, an ihrer Freundin interessiert war. Tatsächlich war er an ihr interessiert und aus dieser Romanze am Wendelstein wurde bald eine preußisch-österreichische Ehe, die es nicht immer leicht hatte, als die Kriegswirren Europa überzogen.

Meine Mutter hat mich mit allergrößter Liebe aufgezogen und mir klare Haltungen vermittelt – man könnte auch sagen preußische Tugenden – wie Aufrichtigkeit, Ehrlichkeit und Pünktlichkeit. Mein Vater – da passen alle Österreich- und Skilehrer-Klischees – war wiederum ein unglaublich fröhlicher Mensch, der die ganze Leichtigkeit des Seins in sich trug und die strengen Haltungen meiner Mutter gerne etwas auflockerte.

Meine Mutter hatte nach der Schule eine Ausbildung zur Krankenschwester in Berlin gemacht und arbeitete dort im berühmten Virchow-Krankenhaus. Mein Vater, der Vollwaise und bei seinen Großeltern aufgewachsen war, wurde nach seiner Ausbildung zum Kaufmann in jungen Jahren Abteilungsleiter bei Krupp in Berndorf, von wo aus er zum Kriegsdienst eingezogen wurde. Beide hatten nur ein paar Tage Urlaub gehabt, als sie sich damals am Wendelstein kennenlernten. Ich bin im September 1946 in Uelzen geboren worden, wohin meine Mutter im Sommer 1944 aus Furcht vor den russischen Besetzungstruppen aus

Berlin geflüchtet war. Sie war auf dem Fahrrad unterwegs – mit dabei mein Bruder, der damals ein Baby war – und konnte mit ihm gerade noch die Elbe überqueren, bevor der Fährverkehr eingestellt wurde. Dort kam sie zunächst bei einer Bauernfamilie unter, die sich rührend um sie kümmerte. Mein Vater folgte meiner Mutter nach Uelzen und dort bauten sie sich dann eine neue Existenz auf. Krankenschwestern waren immer und überall begehrt als Arbeitskräfte. Mein Vater hatte überlegt, in seine alte Firma nach Berndorf oder auch zu Krupp nach Essen zu ziehen, aber an beiden Orten war die Aufnahme der Produktion ungewiss und so begann er, geborener Kommunikator, zunächst in der Autobranche als Verkäufer für Ford und Mercedes und dann als Versicherungsmakler tätig zu werden.

Seine Frohnatur ist mir sehr präsent, und es gehört zu meinen frühesten Erinnerungen, dass er für mich gesungen hat. Ich hatte eine schöne, behütete Kindheit in Uelzen. Anscheinend war ich ein eher unruhiges Kind, und meine Mutter meldete mich schon mit drei Jahren beim Turnverein an. Ich liebte es, mich in der Sporthalle zu bewegen, wurde bald Riegenführerin und war auch im Schwimmen ehrgeizig und erfolgreich. Meine Mutter war immer ganz selbstverständlich für mich da und hatte nie darüber gesprochen, doch an dem Tag, an dem ich dann tatsächlich das Abitur bestanden hatte, brach sie in Tränen aus und sagte in einem Moment plötzlicher Verzweiflung: »Hättest du nicht durchfallen können?« Ich war ihr unendlich dankbar, dass sie mich durch all die Wirren der Schulzeit geduldig begleitet hatte, aber das ist eine andere Geschichte. Jedenfalls war es das einzige Mal, dass sie so die Fassung verlor in all den Jahren. Sonst war sie immer der ruhende Pol der Familie und leitete meinen Vater, meinen Bruder und mich mit Liebe und Weitsicht durch alle Lebenslagen.

Meine Tagträume *oder* »Meine etwas ungerade Schulkarriere«

Manche Träume haben mich ein Leben lang begleitet. Ich träume nachts eigentlich immer und arbeite so die Erlebnisse des Tages auf, die mir dann in verzerrter Gestalt wieder begegnen. Manchmal habe ich auch Albträume, die ich aber gar nicht mit dem alltäglich Erlebten verbinden kann. Früher als Kind habe ich viel im Schlaf gesprochen, erinnere mich aber nicht daran. Als Jugendliche hatte ich viele Tagträume, die in der Schule dazu geführt haben, dass ich dem Unterrichtsgeschehen streckenweise kaum gefolgt bin. Meine Lehrerinnen und Lehrer waren davon nicht sonderlich begeistert. An meinem 17. Geburtstag weckten mich meine Eltern mit den Klängen der Schallplatte »Mit 17 fängt das Leben an«. Das ist für mich unvergessen, denn getreu dem Motto des Songs »Mit 17 hat man noch Träume« empfand ich es ebenso. Mein Leben fing jetzt wirklich an und ich hatte viele Träume, deren Erfüllung ich kaum abwarten wollte. Ich wollte zum Beispiel früh heiraten und fünf Kinder bekommen. Ich wollte auch beruflich mit Kindern zu tun haben und am liebsten Lehrerin werden. Abgesehen von den fünf eigenen Kindern haben sich meine Träume erfüllt, aber das wusste ich damals nicht. Davor hatte das Schicksal einige Hindernisse und Hürden gesetzt, die mir, als ich vor ihnen stand, unüberwindlich schienen.

In der 8. Klasse hatte ich eine schwere Nierenbeckenentzündung gehabt, hatte unheimlich viel Stoff versäumt und deswegen die Klasse wiederholen müssen. Generell war ich in der Schule eigentlich ganz gut, aber in der 10. Klasse überraschte ich meine Eltern mit der Mitteilung, dass ich auf die Schule keine Lust mehr hätte. Ich wollte eine Ausbildung zur Krankengymnastin machen. Das erschien mir sinnvoll und dafür wollte ich nach Hamburg ziehen. Meine Eltern versuchten, mich zu überreden, die Schule fertig zu machen, aber wenn ich mir etwas in den Kopf gesetzt hatte, war ich schwer zu bremsen. Meinen Vater konnte ich gut um den Finger wickeln, und meine Mutter war so liebevoll, dass sie sich auch gut vorstellen konnte, dass ich den gleichen Weg einschlage wie sie. Die Ausbildung setzte ein vierwöchiges Krankenpflegepraktikum voraus, und das trat ich dann im Kreiskrankenhaus in Uelzen an. Meine Mutter arbeitete dort als Krankenschwester, allerdings war ich nicht auf der gleichen Station eingeteilt wie sie. Ich merkte dort erstmals, dass sie außerhalb der Familie ein eigenes Leben hatte und dass sie in diesem Beruf aufging. Die Ärzte, Schwestern und Patienten mochten und schätzen sie als »Schwester Sonnenschein«, da sie immer gute Laune hatte und mit liebevoll helfender Hand zur Stelle war. Ab und zu bot sie auch mir im Praktikum Hilfe an, aber das ging gegen meine Ehre – typisch Jugendliche eben. So ganz wohl fühlte ich mich in der Klinik auch nicht. Einer der Ärzte hatte von meinen Plänen Wind bekommen und vertrat die Meinung, ich sollte auf jeden Fall erst einmal die Schule fertig machen. Ich wollte davon nichts wissen, aber er ließ nicht locker und nach 14 Tagen hatten der anstrengende Alltag im Krankenhaus, das frühe Aufstehen und sein Insistieren mich überzeugt. Allerdings war es mir, da ich mein neues Leben in der Schule selbstbewusst angekündigt hatte und mich triumphierend dort von allen verabschiedet hatte, zu peinlich, meinen Sinneswandel einzugestehen. Meine Eltern waren, wie immer, großzügig und liebevoll mit mir und erlaubten mir, auf das Wilhelm-Raabe-Gymnasium nach Lüneburg zu wechseln. Mein Vater brachte mich jeden Morgen zum Zug und rief mehr

als einmal, wenn ich knapp dran war, dem Schaffner zu: »Sie kommt gleich.«
Nachdem ich die 8. Klasse einmal wiederholt hatte, war ich inzwischen 18 Jahre geworden und hatte den Führerschein gemacht. Meiner neuen Freiheit stand nichts im Wege. So überführte ich ab und zu Autos nach Lüneburg. Die Schule gefiel mir außerordentlich gut und ich hatte insgesamt nur zwölf Mädchen in meiner Klasse. In der neuen Schule habe ich – in neuem Umfeld – die Gelegenheit gehabt, eine Transformation zu durchleben und mich persönlich zu entfalten. Natürlich hatte dies auch mit den Pädagogen zu tun. Unser Deutschlehrer hatte mich sehr beeindruckt, und als er eines Tages vor die Klasse trat und sich anschickte, unsere Aufsätze zum Thema »Die Leiden des jungen Werther« auszuteilen, hielt er inne, um den besten Aufsatz vorzulesen. Er begann zu lesen, und mein Herz schlug bis in den Hals, erkannte ich doch die ersten Zeilen meines Aufsatzes wieder. Ich war stolz über diese Auszeichnung, ja besonders stolz, da mir das Urteil dieses Deutschlehrers mehr bedeutete als das anderer Lehrer. So nahm ich es auch ernst, als er mich ansprach und mir nahelegte, auf jeden Fall das Abitur zu machen, aber doch zu überlegen, auf meine Uelzener Schule zu wechseln. Er hatte bemerkt, dass mir mein Freundeskreis fehlte und das Pendeln doch viel meiner Aufmerksamkeit verschlang. Und er hatte Recht. Meine Eltern waren großzügig wie immer und überließen mir die Entscheidung, sagten aber, ich müsse selbst mit dem Direktor in Uelzen reden. So meldete ich mich also mit klopfendem Herzen eines Tages im Rektorat des Lessing-Gymnasiums an und wagte mich in die Höhle des Löwen. Der Direktor war erstaunt, dass ich zu ihm kam. Ich sagte, dass ich mein Abitur doch gerne am Lessing-Gymnasium

machen wollte und gekommen sei, mich über diese Möglichkeit zu erkundigen. Ich erwartete ein gestrenges Donnerwetter, aber er war sehr nett und wollte sogar wissen, ob ich die A- oder B-Klasse bevorzugen würde. Ich gab an, dass ich gerne zu meinen Freunden in die Klasse gehen würde, und er sagte daraufhin jäh: »Auch noch Wünsche haben!« Ich schlich verwirrt davon und freute mich umso mehr, als ich erfuhr, dass ich in meine frühere Klasse kam. Alles in allem hatte ich durch die Erfahrungen und meine Umwege tatsächlich neues Selbstbewusstsein gewonnen und ging Seite an Seite mit meinen Klassenkameraden bis zum Abitur. Mein Traumberuf hatte sich inzwischen geändert, ich wollte Lehrerin werden, und er stand mir – erst durch das Abitur – jetzt offen.

Ein aufregender Schulausflug *oder* »Die Fähre auf Grund«

In der Schulzeit reiht sich normalerweise ein Tag an den anderen, so dass im Gesamtblick die Einzelereignisse verschwimmen. Nicht so an dem Tag, als wir den Schulausflug nach Langeland machten. Inzwischen war ich selbst Klassenlehrerin geworden und wollte mit den Schülerinnen und Schülern, die mir ans Herz gewachsen waren, einen schönen Ausflug machen. In den Jahren vor Abschaffung der Binnenzölle hielt sich die Fähre Langeland–Kiel als Autofährverbindung mit Duty-Free-Shop und Kurzausflugsmöglichkeiten nach Dänemark, im Volksmund auch gerne »Butterfahrt« genannt. Drei Stunden Fährfahrt ging es hin und drei Stunden zurück, den Tag konnte man in Bagenkop und Umgebung verbringen und dänische Land- bzw. Inselluft schnuppern. Meine Klasse, mit der ich den Ausflug als Klassenlehrerin plante, hatte sich einen außergewöhnlichen »Wandertag« gewünscht und so entschieden wir uns für den Tagesausflug nach Dänemark. Dieser sollte außergewöhnlicher werden, als uns lieb war. Es war einer der Tage kurz vor den Sommerferien und meine Tochter Tina, die etwa sieben Jahre alt war, hatte keine Schule mehr, also nahm ich sie kurzerhand auch mit. Schon früh am Morgen herrschte die typische Klassenfahrtstimmung, es roch nach Pausenbrot und Sonnenmilch, und die ganze Klasse redete wild durcheinander. Einige Male beim Einchecken am Boot oder beim Ablegen begegnete ich dem mit selektiver Strenge, und so wusste jeder, dass es Schranken gab. Die Stimmung an Bord war herrlich, sogar das Wetter spielte mit, die Förde und Kiel verschwanden am Horizont und Langeland tauchte vor unserem Bug auf. Wir konnten den Hafen von Bagenkop schon sehen, das Anlegemanöver stand kurz bevor, als das Schiff vor dem Hafen mit einem Ruck auf Grund lief und sich weder vorwärts noch rückwärts bewegen ließ. Wir sprechen hier immerhin von einer Linienfähre, die diese Strecke nahezu 365-mal im Jahr bewältigte. Nun galt es, keine Panik ausbrechen zu lassen, und so haben wir die für den Landgang vorgesehene Brotzeit kurzerhand vorverlegt und erst einmal an Bord eingenommen. Wir gingen davon aus, dass das Schiff innerhalb kurzer Zeit aus eigener Kraft frei kommen würde. Aber alle Versuche des Kapitäns scheiterten und so musste er Schlepphilfe anfordern. Die Zeit verrann und wir begannen, uns die Zeit mit Spielen zu vertreiben. Interessant wurde es, als der Schlepper kam und die Fähre mit Mühe freikam. Bis dahin waren aber mehrere Stunden vergangen und die für den Landgang vorgesehene Zeit war längst verstrichen. So wurde es nichts mit dem Inselspaziergang, und die Fähre legte nach Verladen der Autos sofort wieder ab. Trotzdem war die Stimmung an Bord gut. Als die Vorräte in den Rucksäcken zur Neige gingen, gab ich eine Runde im Bordshop aus. Wir lebten damals in den Zeiten vor der Mobiltelefonie, und ich machte mir Sorgen, weil ich die Eltern nicht informieren konnte, dass und warum wir nicht pünktlich wieder ankommen. Die Schülerinnen und Schüler erlebten den Ausflug jedenfalls als großes Abenteuer und blieben diszipliniert, auch wenn sich auf der Heimfahrt doch Erschöpfung und Langeweile breit machten. Ich war jedenfalls erleichtert, als ich lange nach Plan und Sonnenuntergang die Kinder wieder in die Obhut der wartenden Eltern geben konnte. Und wir alle waren froh, dass unser Abenteuer so gut ausgegangen war.

Die Chefin und ihr Führungsstil *oder* »Hart, aber herzlich«

Im Studium wurden wir nicht wirklich auf den Alltag in der Schule vorbereitet, und je näher die ersten Lehrproben kamen, desto mehr Zweifel hatte ich, dass die 25 Schülerinnen und Schüler die junge Lehrerin akzeptieren würden. Als es dann soweit war, hat es mir vom ersten Tag an Spaß gemacht, mit der Klasse umzugehen. Das Zauberwort war wohl immer Respekt. Den brachte ich den Schülerinnen und Schülern entgegen, erwartete ihn aber ebenso für mich. Die Akzeptanz als Autorität war immer Voraussetzung für freundschaftlichen Umgang. In der Schule galt ich somit als fair, aber streng, und genauso wollte ich es auch.

In Führung zu gehen ist mir danach nie schwer gefallen. Dieser Impuls kam aber nicht aus einem Machtbewusstsein, sondern aus dem Wunsch, zu gestalten. Meinen Führungsstil habe ich beibehalten, zunächst in der Schule – mit Schülern und mit Kollegen, deren Vorgesetzte ich dann ja als Rektorin war – und dann auch als Chefin im Rathaus. Natürlich lag es mir fern, die Oberlehrerin zu spielen, im Rathaus hatte ich ein tolles Team, und umso mehr war es mir wichtig, immer fair, klar und transparent zu entscheiden.

Meine erste Schule lag in Mettenhof und in dem Einzugsgebiet lebten sehr viele Familien, die sozialen Herausforderungen ausgesetzt waren – heute würde man dazu Brennpunktschule sagen. In den fünf Jahren dort habe ich unglaublich viel fürs Leben gelernt und Situationen erlebt, die mein soziales Bewusstsein geschärft und bis in meine politische Tätigkeit hinein geprägt haben.

Die Politik hat ja einerseits den Anspruch, für die Menschen da zu sein, während man andererseits merkt, dass dies in der Realität oft nicht gelingt und das Leben der Menschen oft einfach nicht kompatibel ist mit den gestalterischen Ansätzen der Politik. Dort in Mettenhof habe ich die Diskrepanz hautnah erlebt und weiß seitdem, dass eben viele Kinder nicht das Glück haben, in stabilen Verhältnissen aufzuwachsen. Das betrifft Liebe, Zuwendung und die Wohnverhältnisse ebenso wie so grundlegende Aspekte wie die Mahlzeiten des Tages. Auch deswegen bin ich heute so eine glühende Verfechterin des Programms »Mach Mittag«, das jedem Kind eine warme Mahlzeit pro Tag ermöglichen soll.

Meine nächste Station war dann die Freiherr-vom-Stein-Realschule, in einem Stadtteil gelegen, in dem es auch schwierige Familienkonstellationen gab, aber nicht so dominierend. Auch hier war ich vor dem Amtsantritt nervös, war ich doch erst die siebte Rektorin in ganz Schleswig-Holstein und die Einzige, die aus einer Teilzeitstelle kam. 500 Schülerinnen und Schüler und 40 Mitglieder des Kollegiums erwarteten die neue Chefin voller Neugier, und mir war klar, dass alle Augen auf meinen Anfang gerichtet waren. Ein guter Freund hatte mir einen Ratschlag mit auf den Weg gegeben, den ich sofort berücksichtigte. Er empfahl, immer eine offene Tür zu haben. Das setzte ich sofort um, und zwar im wörtlichen Sinne, denn so gab es ein klares Signal, dass ich ansprechbar war, und gleichzeitig bekam ich alles mit, was sich vor meinem Büro abspielte. Und auch im übertragenen Sinne blieb meine Tür offen, denn ich wollte gut informiert und offen auf die Menschen zugehen können. So habe ich in den Ferien meine Hausaufgaben gemacht, mit dem Konrektor einen Klassenplan erstellt und alle Namen des Kollegiums mit Fotos auswendig gelernt. In der ersten Lehrerkonferenz konnte ich dann zur allgemeinen Überraschung alle Kolleginnen und Kollegen mit Namen ansprechen. Das war entscheidend für den Einstand. Ich wollte auch darüber hinaus ein Vorbild sein und machte es mir zum Anspruch, jeden Tag als Erste da zu sein. Dabei ging es nicht nur darum, mich unangreifbar zu machen. Mir war klar, dass einige Mitglieder des Kollegiums in politischer Hinsicht anders dachten als ich und selbst gerne Rektor geworden wären, aber ich wollte gar keine Konkurrenz aufkommen lassen, sondern Wertschätzung für die gemeinsame Arbeit erzeugen. Es liegt in der Natur der Sache, dass in einer Schule mit so vielen Menschen schnell einmal Stress entsteht. Gerade im Lehrberuf ist die »Burnout«-Rate sehr hoch, und es gibt tagtäglich Situationen, in denen man blitzschnell entscheiden muss, Konflikte, die man nicht allzu nah an sich herankommen lassen darf, um nicht selbst auf der

Strecke zu bleiben und kaputt zu gehen. Ich habe immer versucht, für meine Kolleginnen und Kollegen da zu sein, oft auch einfach mit einer Ladung Baguette und Butter, bei der man ins Gespräch kommen konnte, um Sorgen an- und auszusprechen. Es ist verblüffend und beruhigend, was ein gemeinsames Butterbrot so alles bewirken kann.

Ein paar entscheidende Erlebnisse bleiben in Erinnerung: So gab es einmal einen Vorfall, bei dem ein Schüler der benachbarten Hauptschule in der Pause eine Lehrerin unseres Kollegiums angegriffen und geschlagen hat. Es war mir klar, dass hier ein Signal gesetzt werden musste. Natürlich hat sich keiner zu der Tat bekannt und in der Hauptschule wurde der Angriff relativiert, auch mit der Begründung, dass es sich um einen ausländischen Jugendlichen, der es angeblich schwer hatte, handelte. Das wollte ich als Entschuldigung in keiner Weise gelten lassen und auch das Kollegium stand in der Forderung nach einer klaren Konsequenz hinter mir. Meiner Meinung nach war der Jugendliche in dem Fall kein »armes Kind«, kein Opfer, sondern ein Täter, der zur Rechenschaft gezogen werden musste. Ich habe jedenfalls alle Schulen im Bezirk über den Vorfall informiert und keine Ruhe gegeben, bis es doch aus der Nachbarschule das Tateingeständnis gab, dem die Anzeige wegen Körperverletzung folgte. Die erforderliche Grenze war damit gesetzt und die Ordnung auf dem Schulhof damit nachhaltig wiederhergestellt.

Ein anderer Vorfall betraf unseren Fahrradständer, in dem immer wieder Reifen zerstochen wurden. Auch diese Situation wollte ich nicht akzeptieren und rief alle Schüler und Lehrer auf, sich an der Aufklärung zu beteiligen. Auch hier kündigte ich an, dass ich keine Ruhe geben werde, bis diese Vorfälle geklärt sind. So gelang es, die Täter rasch zu fassen, die leider

wieder aus der Nachbarschule gekommen waren. Aber auch hier war damit eine Grenze gesetzt, die von allen akzeptiert wurde.
Auf die Gemeinschaft der Schule zeigte die Aufklärung dieser beiden Fälle eine wichtige Wirkung. Und als es um ein ähnliches Thema in unserer Schule ging und ich eine Klasse dazu interviewte, meldete sich ein Schüler und sagte: »Wir wissen ja, dass Sie alles herauskriegen. Deswegen versuchen wir bei Ihnen gar nichts.«
Neben diesen Machtproben, die zum schulischen Alltag gehörten, bleiben aber vor allem Erinnerungen an schöne und fröhliche Erlebnisse. Zu den Höhepunkten des Schuljahres zählte immer der Auftritt des Schulchores bei der Veranstaltung »Kiel singt und spielt« im Opernhaus. Clemens Kinner, seines Zeichens Musiklehrer, war ein großartiger Motivator und hatte unseren Schulchor zu ungeahnten Höhen geführt, es gleichzeitig aber nicht versäumt, alle Begabungen – seien sie herausragend oder auch nicht – mitzunehmen. Anlässlich der Generalprobe haben wir immer die singenden Kolleginnen und Kollegen bei ihm zu Hause versammelt, und alleine die Stimmung dort war schon die Veranstaltung wert. Umso schöner war dann der gemeinsame Moment, auf der Bühne zu stehen. Mit dabei war einmal auch ein Mädchen mit einer starken Sehschwäche, das von der Schule für Sehbehinderte zu uns gewechselt war und besondere Betreuung brauchte. Nach unserem Auftritt wurde es natürlich dunkel – was aber eben vorher nie passiert war – und das Mädchen blieb ohne Orientierung und in Schockstarre einfach stehen. Alle anderen waren schon in Bewegung. Ich merkte dies und nahm sie bei der Hand. Sie spürte dies und ging mit mir. Sie ließ sich führen, voller Vertrauen. Und so gingen wir gemeinsam

aus dem Dunkel ins Licht, auf die Seitenbühne. Das sind Momente, die ich nicht vergesse.

Schulleiterin *oder* »Meine Schäfchen sind überall«

Nach zwanzig Jahren im Schuldienst und sieben Jahren als Schulleiterin hatte ich einige Tausend Schülerinnen und Schüler unter meinen Fittichen gehabt und sie natürlich selbst im Schulalltag, aber auch ihre Familien kennengelernt. Und es ist bis heute so, dass ich überall in der Stadt – erwartet oder unerwartet – auf meine Schützlinge treffe, sei es die Sprechstundenhilfe beim Arzt oder die Abteilungsleiterin bei der Krankenkasse. Sie alle haben ihren Weg gemacht. Und am meisten freut es mich, wenn ich Schülerinnen oder Schüler, die keine ganz reibungslose Schullaufbahn hatten, treffe und feststelle, dass auch sie jenseits der Schule ihren Platz entdeckt haben. Schwierige Schützlinge gab es nicht für mich, allenfalls waren manche eine Herausforderung.

An einige erinnert man sich besonders gern, haben sie doch durch ihre Persönlichkeit zum Schüler- und Klassengeist beigetragen. Einige andere, die mehr durch ihr Stören auffielen, wollte ich gerne mit ins Boot holen, sei es durch Strenge, sei es durch verstärkte Zuwendung. Und wenn mir heute einer der damals »schlimmen Jungs« als stilsicherer »Chef de service« in einem der besten Lokale Kiels begegnet und sich verklärt an die Schulzeit erinnert, bedeutet mir das viel. Ebenso berührte mich das Erlebnis, als ich an einer Nachbarschule plötzlich von einem jungen Mann angesprochen wurde, den ich auch gleich als ehemaligen Schüler erkannte. Er war damals in Mettenhof in einer Clique sogenannter »Störer«, stammte aus schwierigen Familienverhältnissen und hatte uns genug Gelegenheit gegeben, ihn von der Schule zu verweisen. Aber ich hatte Potenzial in ihm erkannt und ihn auch gegen Widerstände über Jahre gefördert. Er erzählte mir nun, dass er hier sei, um seine Tochter zur Schule zu bringen. Er führte eine glückliche Ehe und aus dem ehemaligen Klassenclown war der Filialleiter einer großen Bank in Hamburg geworden. Das sind Momente, in denen man als Pädagogin die Überzeugung gewinnt, dass sich all die Mühe gelohnt hat. Und bis heute treffe ich Eltern oder Schülerinnen und Schüler, die mich auf die gemeinsame Schulzeit ansprechen.

So erging es mir auch, als ich an der Garderobe des Veranstaltungslokals »Räucherei« eines Tages meinen Mantel abgab und mit dem Satz »Erkennen Sie mich noch?« angesprochen wurde. Ich stutzte kurz, habe aber tatsächlich ein sehr gutes Gedächtnis für Gesichter, nicht immer für Namen, erkannte den ehemaligen Schüler und sagte zu ihm: »Ja klar, Sie habe ich damals in der 6. Klasse von der Klassenfahrt nach Hause geschickt.« Er erwiderte verblüfft: »Ja genau.« Und dann sagte er: »Wissen Sie, das wollte ich Ihnen immer sagen. Sie waren echt streng und ich habe Sie früher dafür gefürchtet. Aber später habe ich bemerkt, dass Sie nur das Beste für uns wollten. – Und heute wähle ich sie.«

Meine Schäfchen sind also überall, und ich genieße es, das zu wissen. Heißt es doch, dass meine pädagogischen Kolleginnen, Kollegen und ich doch tatsächlich ein Netz der durch uns vorgelebten Werte über ganz Kiel spannen konnten.

Flugangst *oder* »Das ist einfach nur ein runder Bus!«

Flugzeuge sind mir fremd. Für mich ist es bis heute unnatürlich, in die Luft zu gehen. Ich bin fasziniert davon, was die moderne Luftfahrt alles ermöglicht, habe aber nur wenig Leidenschaft dafür. Das Fliegen war für mich immer angstbesetzt und im privaten Bereich habe ich es vorgezogen, zweimal im Jahr Tausende von Kilometern zu fahren, um nach Garmisch in den Winterurlaub oder an die französische Mittelmeerküste in den Sommerurlaub zu kommen. Fliegen war keine Option. Klaus und Tina ertrugen die tagelangen Autofahrten geduldig. Das Eingezwängtsein in einem Metallkörper, der kilometerweit aufsteigt, machte mir enorme Angst. Nun kam der Moment, dass sich aus beruflichen Gründen kurze und auch lange Flugreisen kaum vermeiden ließen. Ich versuchte mich in Ablenkungen aller Art und verordnete mir autogenes Training. Die Angelegenheit blieb schwierig. Eine Vorstellung jedoch half mir: Ich setzte mich an einen der Plätze im Gang, schloss die Augen und stellte mir einfach vor, dass ich nicht in einem Flugzeug sitze, sondern in einem Bus. Damit ließen sich viele der Geräusche und auch leichte Turbulenzen in meiner Fantasie bestens erklären. Mit dem Start fuhr der Bus los, es ging eine steile Anhöhe hoch, dann ging es auf die Autobahn und so weiter. So konnte ich mich ganz gut überlisten. Inzwischen hat sich die Flugangst deutlich gebessert, und wenn es zu den Enkeln nach Salzburg geht, ist das Flugzeug auch das Verkehrsmittel der Wahl. Aber ein Held bin ich immer noch nicht.

Auf einer meiner Langstreckenreisen von Seoul nach Hamburg mit Ole von Beust kam – offensichtlich lange vor den Sicherheitsverschärfungen im Flugbereich – der Flugkapitän in die

Kabine. Ich dachte, er will vielleicht Ole von Beust begrüßen, tatsächlich wollte er aber zu mir: »Ich muss doch meine Oberbürgermeisterin begrüßen«, sagte er. Es stellte sich heraus, dass er Kieler war und erfahren hatte, dass unsere Delegation an Bord war. Er lud mich dann sogar ins Cockpit ein, wohin ich ihm mit leicht schwankendem Gang und zitternden Knien folgte. Die Aussicht aus dem Cockpit überwältigte mich mit grandioser Fernsicht. Das Flugzeug war gerade über dem Baikalsee unterwegs und die pure Weite dieser Landschaft war unbeschreiblich. Als junge Geografielehrerin hatte ich den Schülerinnen und Schülern immer vom Baikalsee und seiner Größe erzählt, hier bekam ich eine Ahnung davon. In dieser Nacht verstand ich den Traum vom Fliegen – jedenfalls für einen kurzen Moment.

Aufstehen für Gerechtigkeit *oder* »Wurzeln meines politischen Interesses«

Dieser Text erschien erstmals im Blog »Aufstehen. Zum 100. Jubiläum des Matrosenaufstands in Kiel«

Am Beginn meines naturwissenschaftlichen Studiums an der Christian-Albrechts-Universität zu Kiel im Wintersemester 1967/68 standen unerwartet große gesellschaftliche Umbrüche auf der Tagesordnung. Die Immatrikulationsfeier fand noch störungsfrei statt, aber dann begannen die »68er«. Demonstrationen zum »Muff von tausend Jahren unter den Talaren« wurden zum beherrschenden Thema, und wir Studentinnen waren dabei. Ein Demonstrationszug wurde durch Wasserwerfer in unmittelbarer Nähe des Schleswig-Holsteinischen Landtages gestoppt. Kundgebungen verliefen immer aggressiver und Gewalttätigkeiten nahmen zu. Obwohl auch ich mich gegen die Erhöhung der Straßenbahngebühren auf die Schienen setzte, schreckten mich die Gewalttätigkeiten ab. Ich hatte den Eindruck, dass zum Teil der Aufstand zum Selbstzweck geworden war. Veränderungen mussten sein. Daran gab es für mich keinen Zweifel, und ich setzte mich auf meine Weise ein. Gleichberechtigung war ein Fremdwort, und ich sollte es noch erleben, dass ein Politiker keine Skrupel hatte, mich mit der Formulierung »Kompetenz gegen Kostüm« zu bekämpfen. Schwanger zu werden und weiter zu studieren, galt einigen als »anmaßend«. Und natürlich war es erheblich erschwert ohne die heute selbstverständlichen Möglichkeiten der Kinderbetreuung. Vor meiner Einstellung in den Schuldienst bekam ich am Ende eines Gesprächs die Frage gestellt: »Sie wollen wirklich arbeiten? Ihr Mann verdient doch!« Mit unserer damals dreijährigen Tochter an der Hand, drehte ich mich beim Verlassen des Raumes um und erklärte: »Ich verdiene mein eigenes Geld, wozu habe ich denn studiert und für Veränderungen gekämpft?« Das wurde zu einem Motto. Jahrzehnte später gab es die erste Kinderbetreuung an der Uni. Den Kampf habe ich in unterschiedlichen Funktionen meiner politischen Laufbahn, aber auch vorher als Lehrerin und Schulleiterin fortgesetzt. Und es war Anlass für mich, aktiv zu werden und mich politisch zu engagieren.

DRITTES KAPITEL

Familie und Gesellschaft

Tina *oder* »Meine fünf Kinder«

Eigentlich habe ich mir immer fünf Kinder gewünscht, aber tatsächlich haben wir nun eine Tochter – ich schreibe bewusst nicht »nur« eine Tochter – denn diese Tochter vereint all unser Kinderglück.

Tina war und ist unser »Ein und Alles« und sie hat es uns leicht gemacht, gute Eltern zu sein. Tina war ein ruhiges Kind, hat unglaublich viel und gern gelesen und hat die guten Eigenschaften beider Elternteile in sich vereint. Nach einer glücklichen Schulzeit in der Hebbelschule in Kiel hat es sie schon zum juristischen Studium nach Passau in die Ferne gezogen. Die Stationen danach waren immer weit weg von Kiel: Harvard, Regensburg, Karlsruhe, Stuttgart und Salzburg.

Inzwischen ist sie selbst schon 21 Jahre verheiratet, mit unserem Schwiegersohn haben wir gewissermaßen noch ein Mitglied der Familie gewonnen und die beiden haben uns drei Enkelkinder geschenkt, deren Entwicklung wir voller Liebe und Staunen verfolgen. So komme ich dann doch auf fünf Kinder.

Der Designer-Trainingsanzug *oder* »Sportunterricht mit Trillerpfeife«

Gastbeitrag von Christina von Maldeghem, geb. Volquartz

Eine meiner frühesten Erinnerungen ist, dass ich meine Mutter zum Sportunterricht begleitete. Das war zwar keines ihrer Kernfächer, aber sie hatte offensichtlich den Part einer Kollegin zu übernehmen und nahm mich mit zum Unterricht. Ich saß auf einer der Sportbänke am Rand der Turnhalle. Meine Mutter trug einen hochmodischen, enganliegenden, blau-weißen Trainingsanzug mit Adidas-Logo und Schlaghosen-Design. Ein Traum in den 70er-Jahren; ich war jedenfalls sehr stolz, so eine coole Mutter zu haben. Sie stand inmitten einer um sie herumwuselnden Schulklasse und gab lautstark Anweisungen. Schwierigkeiten sich durchzusetzen hatte sie, solange ich denken kann, nie, auch wenn sie von der Größe her kaum von der Klasse zu unterscheiden war. Für den Sportunterricht hatte sie sich mit einer Trillerpfeife bewaffnet und machte von diesem Hilfsmittel auch ausgiebig Gebrauch. Da wurde ein Parcours aufgebaut und absolviert, Medizinbälle wurden zu Geschicklichkeitsspielen eingesetzt und flogen ab und zu auch durch die Gegend. Ich war sehr beeindruckt. So wollte ich auch werden.

Da meine Mutter sehr jung war, als ich auf die Welt kam, kann ich mich auch an viele studentische Partys erinnern, die meine Eltern nicht etwa ausließen, nur weil ich auf der Welt war. Meine Mutter hatte eine umfangreiche Party-Plattensammlung, die fein säuberlich mit ihrem Namen beschriftet war. Abends ging es dann los, meine Eltern nahmen die Plattensammlung und mich mit. Ich wurde in das Schlafzimmer der Gastgeber gelegt und schlief fest ein, während im Wohnzimmer eine unserer ABBA-Platten nach der anderen spielte.

Vielleicht kommt es daher, dass sich die Liebe zu ABBA nun über drei Generationen erstreckt und die Großmutter mit den Enkeln schon mehrfach die »Mamma Mia«-Filme im Kino besucht hat.

Schneewinter *oder* »Abenteuer in der Luft«

Wenn man an Naturgewalten denkt, kommt einem an der Küste zunächst das Meer in den Sinn. Zweimal, seit ich in Kiel bin, waren es allerdings Schneekatastrophen, die unser Leben aus dem Takt gebracht haben. Naturgemäß sind die Österreicher und Süddeutschen eher an Eis und Schnee gewöhnt als wir Norddeutschen, aber auch dort gab es massive Schwierigkeiten in den Wintern 1969 und 1979. Im jungen Jahr 1969 war ich schwanger, und da mein Mann Klaus eine Dienstreise nach Israel vor sich hatte und ich nicht alleine bleiben sollte, war es unser Plan, dass er mich zu meinen Eltern nach Uelzen bringt. Auf der Fahrt wurde der Schneesturm immer stärker. Die Straße wich einer weißen Winterlandschaft, und es war streckenweise gar kein Durchkommen mehr. Noch während wir unterwegs waren, wurde der Notstand ausgerufen und Bundeswehrsoldaten machten sich auf den Weg, um mit schwerem Gerät Hilfe zu leisten und die Menschen, die liegen geblieben waren und nicht mehr weiterkamen, aufzunehmen. Die Szenerie war irreal, immer wieder tauchten aus dem Dunkel der Nacht und blendenden Weiß der Schneemassen die Umrisse riesiger Panzer auf. Die Autobahn war damals nur zum Teil ausgebaut, und so mussten die Autos auf der engen Landstraße anhalten und abwarten, bis die Panzer vorbei gefahren waren. Wir selbst dachten mehrfach ans Umkehren, aber die Strecke wäre genauso unkalkulierbar und inzwischen auch weiter gewesen. Mitten in der Nacht kamen wir zittrig in Uelzen an und waren heilfroh, dass uns nichts passiert war.

Eine gewisse Affinität zu Unmengen von Schnee scheint sich aber damals auf unsere Tochter übertragen zu haben. Erstens wurde sie eine gute und leidenschaftliche Skifahrerin, zweitens trug sich genau zehn Jahre danach, im Winter 1979, ein ähnliches Schneedrama bei uns zu, in dessen Mittelpunkt sie stand. Die Schneemassen, die damals auf Schleswig-Holstein herunterschneiten, waren so gewaltig, dass der öffentliche Verkehr über Tage gänzlich zum Erliegen kam. Wir wohnten damals in Mielkendorf vor den Toren Kiels – also in einer Distanz, die wir unter normalen Umständen unter einer halben Stunde Fahrtzeit locker bewältigten – und waren von einem Moment auf den anderen eingeschneit und von der Stadt abgeschnitten. Gerade jetzt wurde Tina krank. Wir dachten erst, es sei eine normale Erkältung, aber es zeichnete sich ab, dass sie wohl unter einer schweren Lungenentzündung litt. Autos kamen nicht nach Mielkendorf herein oder heraus und auch weder Feuerwehr noch Krankenwagen konnten die Schneemassen durchdringen. Wir waren in ständigem Kontakt mit unserer Kinderärztin und, als Tina immer apathischer wurde, beschloss diese, einen Hubschrauber der Marineflieger anzufordern. Das war die einzig verbliebene Möglichkeit, vom Dorf in die Kieler Uniklinik zu kommen. Um einen Platz zu schaffen, wo der Helikopter landen kann, hat das ganze Dorf mitgeholfen, Schnee zu schieben. Der Helikopter, der vom MFG5-Gelände der Bundeswehr gestartet war, schaffte es, glücklich zu landen und Tina und uns in die Klinik zu bringen. Nach einer Woche war Tina genesen und wir konnten nach Hause heimkehren, wo sich die Witterungsverhältnisse inzwischen normalisiert hatten. Tina hat dann ein Hubschrauberbild gemalt, das wir einrahmen ließen und gemeinsam mit einer Kiste Sekt zum Stützpunkt auf dem MFG5-Gelände der Bundeswehr brachten. Das Pilotenteam freute sich sehr und sagte, so etwas hätten sie bisher nie erlebt. Für uns war es selbstverständlich, denjenigen, die uns in einer so akuten Gefahrensituation geholfen hatten, zu danken. Im Gegenzug schickte das Team Tina aus Dank für ihr selbst gemaltes Bild ein Foto von dem Hubschrauber, das sie bis heute hat.

Das Meer *oder* »Schicksalgewalten beim Segeln«

Das Meer ist ein Sehnsuchtsort und Kiel ist über das Meer mit der Welt verbunden. Als ausgleichendes Element ist das Meerwasser immer in Bewegung und mit der Förde ragt das salzige Nass weit in die Stadt hinein, meist in friedlicher Gestalt, oft genug auch mit stürmischen Ahnungen dessen, was auf weiter See vor sich geht. Bei aller Sehnsucht hatte ich immer auch Respekt vor dem Meer. Ich erinnere mich gut an eine Nacht beim Segeln. Klaus und ich hatten beschlossen, die Nacht durchzusegeln, und waren gegen Abend aus dem Hafen der Insel Sejerö nach Odden im Norden der Insel Seeland aufgebrochen. Der Segeltag war herrlich und mündete in einen herrlichen Abend bei vier Windstärken und sternklarem Himmel. Im Lauf der Nacht nahmen Wind und Seegang jedoch deutlich zu. Mir wurde so übel, dass ich glaubte, wir würden den nächsten Hafen nie mehr erreichen. Plötzlich stand das Meer als nackte Bedrohung vor mir und ich wollte mich nur noch verkriechen. Die Nacht- und Ruderwache musste Klaus alleine leisten und in mir regte sich erst Hoffnung, als wir im Morgengrauen vor den angesteuerten Hafen kamen. Da wir jedoch keine starke Lampe hatten und das Echolot ausgefallen war, wollte mein Mann das Risiko nicht eingehen, in der engen Hafeneinfahrt auf Grund zu laufen, und schlug deswegen vor, das Tageslicht abzuwarten. Das war der Moment, in dem ich Panik bekam und darauf be-

stand, jetzt sofort in den Hafen zu wollen. Gegen sein Gefühl wagte Klaus die Annäherung. Uns gelang es, im Schneckentempo in den Hafen einzulaufen, und Klaus sagte nach erfolgreichem Manöver zu mir: »Das darfst du nie mehr machen.« Mir war das Ganze auch unangenehm, denn ich hatte ja dem Plan, über Nacht zu segeln, freiwillig zugestimmt, aber das Meer hatte mich tatsächlich überwältigt. Wir fielen dann in die Kojen und schliefen erst einmal einige Stunden.
Und trotz dieser Erfahrungen bedeutet mir das Meer nach wie vor Freiheit, sei es nur beim Blick auf die Förde, sei es in Schilksee und Strande beim Blick auf das offene Meer. Die Gedanken schweifen leicht bis zum Horizont und darüber hinaus.

Der 6. März 1990 *oder* »Schöne Aussichten bei der Kommunalwahl«

Manch ein Tag erweist sich als ein Schicksalstag, ohne dass man sich dessen nur im Ansatz bewusst ist. Der 6. März 1990 war so ein Tag für mich, markiert er doch den Anfang meiner politischen Karriere bzw. den Gewinn des ersten Mandats. An diesem Tag bin ich mit dem einzigen Direktmandat der CDU in Kiel in die Ratsversammlung gewählt worden. Und an diesem Tag kam unser zukünftiger Schwiegersohn erstmals als offizieller Freund meiner Tochter nach Kiel. Beide Ereignisse erlebte ich sehr bewusst, aber ohne Verständnis dafür, dass dies einen ganz neuen Lebensabschnitt bedeuten sollte.
Mein politisches Interesse war seit jeher gegeben und gerade im Bildungssektor, dem ich beruflich so eng verbunden war, wollte ich mich gern einmischen und etwas bewegen.

In die CDU eingetreten war ich schon 1978. Unsere Tochter war damals fast zehn Jahre alt und Klaus regte an, dass ich mir einmal die Programme der einzelnen Parteien anschauen sollte – ohne eine Empfehlung abzugeben. Ausgehend vom Freiheitsgedanken, der für mich an erster Stelle steht, kamen in erster Linie CDU und FDP in Frage, wobei mir die politischen Schwerpunktsetzungen der FDP nicht sozial genug erschienen. Dazu kam, dass ich in der CDU von Anfang an den Eindruck hatte, Menschen zu begegnen, die mich forderten und förderten.
Peter Bendixen, der damals bildungspolitischer Sprecher der CDU war und dann auch Kultusminister in Schleswig-Holstein wurde, hat mich überzeugt, in die Partei einzutreten, und blieb mir viele Jahre einer der wichtigsten Gesprächspartner. Mir lag es am Herzen, auf die Schülerinnen und Schüler als Individuen eingehen zu können und auch kleinere Schulen auf dem Land zu erhalten. Das deckte sich mit seinen Auffassungen. Ich wurde also Mitglied im damals wichtigsten Ortsverband Kiel Westufer. Auch die Anfrage, für die Ratsversammlung der Stadt zu kandidieren, wurde bald an mich herangetragen, aber nachdem ich 1985 Schulleiterin geworden war, wollte ich mich erst einmal auf diese Aufgabe konzentrieren.
Nun hatte ich mich jedenfalls in der Partei genügend profiliert, unsere Tochter war ins Studium gegangen und ich fühlte mich für die neue Herausforderung bereit. So zogen Verena Schattke, die Stadtpräsidentin werden sollte, Karl Diekelmann und ich als Spitzentrio für die CDU in den Wahlkampf und am 6. März war nun der Tag der Entscheidung gekommen. An sich hatte ich einen guten Listenplatz und so war meine Kandidatur gut abgesichert. Aber es ist doch, wie ich an diesem Tag spürte, etwas völlig anderes, sich bei einer öffentlichen Abstimmung

zur Wahl zu stellen als lediglich innerhalb der Partei. Umso größer war der Jubel, als ich mit 60 % der Stimmen sogar Zuwächse in meinem Wahlkreis verzeichnen konnte. Am Abend stieg die Wahlparty im Kieler Rathaus, zu der dann auch Tina mit ihrem neuen Freund stieß. Mit dem Mandat erklomm ich die erste Stufe der Leiter, die mich über die nächsten knapp 20 Jahre weiter in den Landtag, den Bundestag und das Oberbürgermeisterbüro führen sollte. Und Tinas neuer Freund wurde sieben Jahre später ihr Ehemann. Insofern wohnt dem 6. März 1990 in unserer Familie ein besonderer Zauber inne.

Die Müllhalde und ich *oder* »So wurde ich umweltpolitische Sprecherin der CDU«

Im Jahr 1989 habe ich eher spontan für eine der Positionen im Landesvorstand der CDU kandidiert und wurde – für mich überraschend – auch gleich gewählt. Das freute mich sehr und ich war gespannt auf die neuen Aufgaben. Schon bald folgte die konstituierende Sitzung in Rendsburg, bei der ich mich als »die Neue« etwas abseits gesetzt hatte. Zunächst wurden schon bestehende Aufgabengebiete diskutiert und die jeweiligen Sprecher in ihren Ämtern bestätigt. Plötzlich erklingt mein Name mit dem Zusatz »umweltpolitische Sprecherin«. Es gab keine Einwände, ich wagte nicht einzuhaken oder zu widersprechen, die Wahl erfolgte prompt ohne Gegenstimmen und schon war es geschehen. Peter Bendixen hatte mich, wie sich dann herausstellte, unserem Landesvorsitzenden Ottfried Henning vorgeschlagen und sagte in der nächsten Pause zu mir: »Das Thema Bildung war nicht mehr frei, aber ich dachte das Thema Umwelt passt auch gut zu dir. Dein Bruder macht das ja auch.« Ich erinnere mich, dass ich unter dem Schock dieser Begründung erst mal Tina und Klaus aus einer Telefonzelle am Kanal anrief – das war lange bevor es Mobiltelefone gab – und ihnen davon erzählte. Vater und Tochter waren sich sofort einig, quittierten die Entscheidung mit Humor (vielleicht auch etwas Schadenfreude) und machten mir Mut, dass ich das schon schaffen würde.

So schnell kam ich vom Thema Bildung zum Thema Umwelt. Mein Prinzip war es immer, dass ich etwas, wenn ich es mache, richtig machen will. So bin ich dann auch sofort in das Thema eingestiegen, habe mich eingelesen und dann gemeinsam mit dem ehemaligen Minister Flessner und einem Kommunalpolitiker ein neues Umweltprogramm für die CDU entworfen, das wir erst im Landesvorstand und dann landesweit in Diskussionsrunden präsentiert haben. Dieser basisdemokratische Prozess war hochinteressant und führte dazu, dass das neue Programm eine überwältigende Mehrheit fand. Tatsächlich war das Thema ein Prüfstein für die Identität unserer Landespartei, da die Innovationen im Umweltschutz mit den wertkonservativen Haltungen der Landwirte in Einklang zu bringen waren und unser Programm dies in kluger Balance zu vereinen hatte.

Das Thema Umwelt blieb mir, als ich dann 1990 in die Ratsversammlung gewählt wurde. Aufgrund meines Amtes in der Landespartei wurde mir Umweltkompetenz zugeschrieben – so schnell kann das gehen – und wurde Mitglied der aus verschiedenen Fraktionen bestehenden Arbeitsgruppe, die ein Müllkonzept für Kiel erarbeiten sollte. Um uns zu informieren, was der Standard in anderen deutschen Städten ist, haben wir dazu

eine Art Bildungsreise ins Ruhrgebiet unternommen: Flapsig könnte man sagen eine »Tour de Ruhr« von einer Müllhalde zur anderen. So absurd es sein mag, wenn auf dem Tagesprogramm ausschließlich der Besuch von Müllhalden steht, so faszinierend war es auch, was den industriell geprägten Städten des Ruhrgebiets gelungen war. Die Abfallwirtschaftsbetriebe dort waren durchdacht und hocheffizient angelegt, und an vielen Orten waren brachliegende Gegenden renaturiert worden. Ich kannte das Ruhrgebiet aus Kindheitstagen als eine von der Industrie geprägte und unter ihr leidende Landschaft; in meiner Erinnerung qualmte es dort unaufhörlich aus Schornsteinen, die Hauswände waren schwarz von Ruß und die Straßen verdreckt. Nun fuhren wir durch grüne Landschaften, ganz offensichtlich war hier sowohl in der Aufarbeitung der industriellen Prägung als auch in der Abfallwirtschaftsstrategie ein Durchbruch erzielt worden und die Städte waren zum Wohle der Menschen um Vieles lebenswerter geworden. Von diesen Erfahrungen wollten wir für Kiel profitieren und konnten auch einige Anregungen dieser Reise in unsere Stadt übertragen. Seit der Reise fühlte ich mich jedenfalls wirklich als Expertin und kenne durch unsere »Tour de Ruhr« bis heute mehr Müllhalden als die meisten anderen Menschen.
Eine außergewöhnliche Erinnerung an meine Lehrjahre als umweltpolitische Sprecherin der CDU war ein Ausflug nach Nordstrand. Peter Harry Carstensen war damals Bundestagsabgeordneter und er vertrat den sehr agrikulturell geprägten Wahlkreis rund um seine Heimat Nordstrand. Die Landwirte dort haben sich immer selbst als Pfleger der Kulturlandschaft verstanden und waren den Innovationen im Umweltbereich gegenüber skeptisch, wurde dahinter doch die Ideologie naturferner Städter vermutet. Peter Harry kam also in seiner

unnachahmlichen Art auf mich zu und sagte: »Da kommst du Maria und mich besuchen und dann kannst du dein Müllkonzept ja mal unseren Bauern vorstellen. Das machen wir abends in einem Lokal und deinen Mann bringst du auch mit.« Ich entgegnete: »Plattdeutsch kann ich aber nicht.« Und er sagte: »Das machen wir schon.« So fuhren Klaus und ich also auf die wunderschöne Halbinsel Nordstrand, wurden aufs Herzlichste empfangen und es gab ein Abendbrot für uns vier, das für eine Fußballmannschaft gereicht hätte. Anschließend sind wir dann in das Lokal. Ich stellte die Eckdaten unseres Konzeptes vor, Peter Harry übernahm es, das auf Plattdeutsch zusammenzufassen und auch die Anregungen und Einwände wiederum für mich zu übersetzen. Ich verstand die Landwirte aber gut und es entwickelte sich eine hochinteressante Diskussion, aus der ich vieles lernte. Es war ein sehr anregender Abend, der so war, wie Politik sein sollte: mit einer gesunden Gesprächskultur, lebens- und bürgernah, mit Respekt füreinander und die gemeinsame Sorge um unsere Welt.

Einzug in den Landtag *oder* »Ein Arbeitsplatz mit Klaus«

Ein Stück zu Hause angekommen – so fühlte ich mich, als ich 1992 in den Schleswig-Holsteinischen Landtag in Kiel gewählt wurde. Mein Ehemann Klaus war in der Landtagsverwaltung tätig. Insofern waren mir das Gebäude, die handelnden Personen und auch die Parlamentsarbeit durchaus vertraut. Und gleichzeitig war alles ein Neuanfang für mich, den ich dank der Fraktionskolleginnen und -kollegen schnell meisterte. Ab und zu kam es zu überraschenden Situationen, wenn eben zweimal der Name Volquartz im Gebäude und Plenarsaal vertreten war. Ab und zu verirrte sich die Post, auffällig war dies aber auch in den Sitzungen. Im Plenum des Landtags saß der Präsident in der Mitte, eingerahmt von den Schriftführern, in der Reihe dahinter die Mitarbeiter der Verwaltung, davor wiederum war das Mikrofon und Rednerpult für die Sitzungen angebracht. Die Abgeordneten saßen gegenüber, jede Fraktion hatte ihren eigenen Bereich. So war ich jedes Mal Auge in Auge mit Klaus, wenn ich im Plenum saß und insbesondere wenn ich zu einer Rede zum Rednerpult ging. Wir waren wohl das einzige Ehepaar in der Historie des Landtags, das so komplementär im Landeshaus unterwegs war.

Eine Art Zuhause war das Landeshaus aber auch für unsere ganze Familie, da wir ganz in der Nähe wohnten und es uns keine fünf Minuten kostete, dorthin zu spazieren. Schon als unsere Tochter noch zur Schule ging, war es oft so, dass ich durch meine Tätigkeit als Schulleiterin länger als sie zu tun hatte und sie dann einfach zu ihrem Vater ging und die beiden im Landeshaus in der Kantine zu Mittag gegessen haben. Damals war die Kantine im 5. Stock eingerichtet und hatte einen der besten Fördeblicke, den man sich vorstellen konnte. Das Lokal war auch öffentlich, was aber kaum jemand in Kiel wusste. Auch die Pförtner kannten wir und sie uns gut, sie waren teils im gleichen Segelclub wie Klaus und hatten ihre Boote ebenfalls im Alten Olympiahafen liegen. So gab es immer Gesprächsstoff und auch das trug zur familiären Atmosphäre bei. Mir war es immer wichtig, auch zu den Menschen, die die Infrastruktur schaffen und unsere Arbeit durch ihre Arbeit erst ermöglichten, ein gutes Verhältnis zu haben und ihre Meinung wertzuschätzen. Und so freut es mich bis heute, wenn ich bekannte

Gesichter an den Pforten im Rathaus, Landeshaus oder Bundestag treffe. Das Landeshaus wird jedenfalls immer einen besonderen Platz in meinem Herzen haben.

Die lieben Journalisten *oder* »Das Licht der Öffentlichkeit«

Naturgemäß steht eine Politikerin mehr im Licht der Öffentlichkeit als eine Privatperson, und unter dem Strich kann ich sagen, dass ich bis zum heutigen Tag mehrheitlich ein erstaunlich gutes und respektvolles Miteinander erlebt habe. Nur einmal am Beginn meiner Landtagszeit habe ich eine üble Erfahrung gemacht, die ich so nicht erwartet hatte. Damals war ich gerade bildungspolitische Sprecherin meiner Fraktion im Landtag geworden, und eines Morgens musste ich lesen, was die Volontärin einer Tageszeitung über meine Rede berichtete, nämlich nichts außer der Bemerkung: »Sie trat mit gelackten Haaren an das Rednerpult«. Ich war fassungslos. Hatte ich Jahre dafür gekämpft, gleichberechtigt mit Männern Politik zu machen und ernst genommen zu werden, damit jetzt eine junge Frau daher kam, um mich ausschließlich auf mein Aussehen zu reduzieren und nicht im Ansatz das, was ich gesagt hatte, wiederzugeben? Ich war so enttäuscht, dass ich abends zu Hause Tränen der Wut heulte und zu Tina und Klaus sagte: »Hätte ich bloß meinen schönen Job als Schulleiterin niemals aufgegeben.« Die beiden beruhigten mich und schlugen vor, erst einmal eine Nacht zu schlafen und dann zu überlegen, ob ich das Mandat wirklich zurückgeben will. Am nächsten Morgen war die Enttäuschung abgemildert und ich beschloss, weiterzukämpfen. Seitdem konnten mir Journalisten weniger anhaben. Und seit ich erlebt hatte, dass sogar vertrauliche Informationen bei manchen Kollegen nicht vertraulich blieben, habe ich immer klare Abgrenzungen zwischen offenem und vertraulichem Gespräch gezogen. Die Erfahrungen haben mich stärker und nicht schwächer gemacht, und ich gehe bis heute unvoreingenommen in jedes Gespräch, nur eben vorsichtiger. Geblieben ist mir trotz allem der Respekt vor dem Berufsstand der Journalisten, vor allem denjenigen, die ihren Beruf mit Anstand und Bekenntnis zu den Regeln ihrer Profession ausüben.

Der Tag der Wiedervereinigung *oder* »Mein Tanz an der Grenze«

Zu den politischen Postulaten der CDU gehörte es, immer an dem Ziel der Wiedervereinigung festzuhalten. Nach den vielen Jahren der Teilung konnte sich aber, wenn wir ehrlich waren, kaum jemand in der Partei vorstellen, dass es dazu eine reale Chance geben könnte. Trotzdem bewegte das Thema die Gemüter. So erinnere ich mich auch an eine große Mitgliederversammlung, zu der mehr Mitglieder als erwartet gekommen waren und auf der über mögliche Perspektiven der Wiedervereinigung diskutiert wurde. Es gab hitzige Wortgefechte, unter anderem stand ein respektierter Unternehmer auf, skizzierte, welche Schwierigkeiten mit einer Wiedervereinigung verbunden wären, und resümierte, dass sich dies kein Mensch im Saal wirklich wünschen könnte. Die Aussage blieb im Raum stehen bzw. hing über der Versammlung wie eine dunkle Wolke, aber auch dies änderte nichts an der offiziellen Haltung der CDU.

Am 9. November 1989 hatten wir mit der Familie den 70. Geburtstag meines Vaters in Uelzen gefeiert. Als wir ins Auto stiegen, um nach Hause zu fahren, wurden wir von den sich überschlagenden Ereignissen dieser Nacht mitgerissen. Das damit verbundene Gefühlschaos lässt sich nicht in Worte fassen und wir saßen nach unserer Heimkehr bis spät in der Nacht vor dem Fernseher, der überwältigende Szenen an der Mauer und den Grenzübergängen und immer und immer wieder Bilder der Pressekonferenz zeigte, bei der Günter Schabowski nicht nur die Öffnung der Grenze, sondern auch den Zeitpunkt mit »ich glaube, das gilt ab sofort« bekanntgab. Das war der Auftakt für ein Jahr der Umbrüche, in dem viele Gewissheiten auf den Kopf gestellt wurden. Helmut Kohl nutzte mit bewundernswerter Energie, Zielgerichtetheit und Gelassenheit die historische Chance. Der 3. Oktober 1990 wurde zum Tag der Wiedervereinigung.

Die deutsch-deutsche Entwicklung hat seitdem viele Früchte getragen und ist gewachsen, wie sich mir immer veranschaulicht, wenn ich einen Spaziergang auf die Krusenkoppel und das Düsternbrooker Gehölz in Kiel unternehme. Dort, in der Nähe des Tennisplatzes, pflanzten Peter Bendixen und ich mit den Mitgliedern des Kreisverbandes eine Eiche, der wir auf ihren Lebensweg mitgaben, »sie möge wachsen wie das vereinte Deutschland«. Am Abend sind wir dann mit zwei Bussen nach Mustin an die deutsch-deutsche Grenze gefahren, um den Moment der Wiedervereinigung gemeinsam mit neugewählten, politischen Vertretern der DDR hautnah zu erleben. Dort war zur Feier des Tages ein riesiges Zelt aufgebaut, Gastgeber war der damalige Ministerpräsident Mecklenburg-Vorpommerns Alfred Gomolka. Es wurde ein sehr ausgelassener Abend und wir haben fröhlich in die Wiedervereinigung hineingefeiert. Ich habe unter anderem mit Alfred Gomolka getanzt, der zu mir sagte: »Ich habe seit 25 Jahren nicht getanzt, aber heute soll es sein.« Wir waren alle warm angezogen, ich hatte meinen dicken, grauen Mantel an, da es schon kühl im Jahr war. Unsere Fröhlichkeit, das Lachen und Tanzen standen in scharfem Kontrast zum kalten Wetter und kurz vor Mitternacht ergab sich eine surreale Szenerie. Wir alle waren schon in Erwartung des Moments der Wiedervereinigung aus dem Zelt getreten, da kam ein Trabant mit zwei Volkspolizisten aus dem Nebel und fuhr exakt bis an die Demarkationslinie, auf der das Zelt stand, drehte dann um und verschwand für immer in der Nacht. War das ein Aufbäumen der Diktatur oder waren es zwei melancholische Beamte? Wir wissen es nicht und werden es nie erfahren, gehen aber davon aus, dass auch für sie ein neues Leben begann. Um Mitternacht lagen sich dann alle in den Armen, es flossen die Tränen und der Rest ist Geschichte. Die Eiche hat uns unseren Wunsch übrigens erfüllt und steht inzwischen als gesunder, lebendiger und starker Baum von beeindruckender Größe und beredtes Zeugnis des gemeinsamen Wachstums am gleichen Platz auf der Krusenkoppel.

Einzug in den Bundestag *oder* »Kandidatenpoker um die Hauptstadt«

In meinem Amt als Kreisvorsitzende gehörte es mit zu meinen Aufgaben, rechtzeitig Vorschläge für eine kompetente Vertretung unseres Kreisverbandes im Bundestag zu machen. Mir war es wichtig, nicht nur nach Parteibuch zu entscheiden, deswegen führte ich viele Gespräche und wollte gern eine Person gewinnen, die das Potenzial haben sollte, möglichst breit das Vertrauen der Wählerinnen und Wähler zu gewinnen, gern auch einen Quereinsteiger. Dieser Gedanke wurde allgemein anerkannt, eine Bewerbung einmal durch die Parteigremien wollte sich aber niemand antun. Stattdessen wurde ich von Parteifreunden und Unternehmern mehrfach aufgefordert, diesen Schritt selbst zu wagen, es sei dies doch der nächste logische Schritt, argumentierten sie und stellten in Aussicht, mich zu unterstützen. Nachdem ich erst abgewinkt hatte, gefiel mir der Gedanke immer besser. Inzwischen zeichnete sich ohnehin ab, dass bei der Nominierung Konkurrenz entstehen würde. Ich nahm die Herausforderung an. Als es auf dem Parteitag um die Nominierung ging, traten zwei Gegenkandidaten an. Nach einigem Hin und Her gewann ich die Wahl mit zwei Stimmen Vorsprung. Mein Gegenkandidat ließ die Wahl anfechten. Nun wurde die Angelegenheit zum Nervenkrimi und es entwickelten sich zwei Lager. In der Zeit bis zur Wiederwahl liefen die Drähte heiß, denn jeder Kandidat wollte möglichst viele Parteimitglieder davon überzeugen, der bzw. die richtige Kandidat/in zu sein. Am Tag der erneuten Entscheidung wurde ich dann mit noch deutlicherem Vorsprung gewählt. Auf dem dann folgenden Landesparteitag wollte mich der damalige Landesvorsitzende auf den letzten Listenplatz verbannen. Dagegen protestierte ich heftig. Mich hat es immer gestört, wenn Frauen und Männer gegeneinander ausgespielt wurden. So wurde mir auch vor der ersten Landtagswahl nahe gelegt, ich sollte auf dem unverfänglichen Platz der Frauen-Union antreten. Das habe ich damals abgelehnt und sagte: »Wenn ich schon antrete, dann gerne auch gegen Männer.« So war es auch hier, aber inzwischen wusste ich, dass ich gute Nerven habe, um zu kämpfen, wenn es notwendig ist, und mich auch gegen männliche Machtmanöver durchzusetzen. Dies gelang mir auch hier und ich zog 1998 und auch 2002 in den Bundestag ein. Dort erlebte ich hochspannende Entwicklungen einschließlich des Umzugs von der ehemaligen Hauptstadt Bonn in die neue Hauptstadt Berlin.

Politiker oder Politikerin *oder* »Mein Bruder und ich«

Gibt es so etwas wie genetische Politikbegabung? Mein Bruder Kurt-Dieter Grill und ich wären ein Argument dafür. Er war über viele Jahre Landtagsabgeordneter in Hannover und vertrat den Wahlkreis Gorleben für die CDU. Da waren angesichts all der Diskussionen um die atomare Wiederaufbereitungsanlage Streitereien vorprogrammiert. Ich habe ihn immer für sein Stehvermögen in dieser Angelegenheit bewundert. Aus unserer Jugend wusste ich sehr gut, dass er durchsetzungsfähig ist. Als älterer Bruder war mir Kurt-Dieter immer etwas voraus. Das galt dann auch für die politische Laufbahn, die er viel früher ergriff als ich. Gemeinsam ist uns, dass wir uns gerne für Menschen einsetzen und dann auch Haltungen entwickeln, die wir gerne durchsetzen. In der Wahl unserer Mittel waren wir immer unterschiedlich. Während Kurt-Dieter gerne eine harte Linie vertrat, wenn er auf ein Ziel zusteuerte, war ich weicher in der Argumentation und wohl auch kompromissfähiger. Je nach Gegenüber und Situation führte dies zu unterschiedlichen Ergebnissen, sei es bei uns im Elternhaus oder dann später im Bundestag, wo wir ebenfalls fünf gemeinsame Jahre als Abgeordnete verbrachten und uns in die prominente Reihe von Geschwistern im Parlament einordneten. Anders als die Gebrüder Vogel haben wir allerdings die gleiche Partei vertreten.
Um die spezielle Thematik Gorlebens habe ich meinen Bruder nie beneidet, hatte ich doch das Gefühl, dass die mit der Atom-

energie verbundenen Gefahren wie ein Damoklesschwert über uns schwebten. Heute bin ich froh, dass die Energiewende vollbracht ist.

Mir ist es oft so gegangen, dass viele Kolleginnen und Kollegen überrascht waren, wenn sie erfuhren, dass wir zwei Geschwister sind. Mein Bruder und ich waren immer starke Persönlichkeiten, und dennoch hat uns familiär und politisch mehr verbunden als getrennt.

VIERTES KAPITEL

Mein Kiel: Stadt, Land, Förde

Entente florale *oder* »Warum mein Herz aufblüht in Kiel«

Die Stadt zum Blühen bringen: Das war mein Credo für die Stadt Kiel. In einem Interview habe ich einmal gesagt, der Job der Oberbürgermeisterin sei für mich der Traumjob gewesen und kaum ein Projekt hat mir dies so deutlich gemacht wie der Wettbewerb »Entente florale«. Die Stadtfinanzen Kiels waren seit jeher ein schwieriger Bereich und meines Erachtens galt es, hier nach 50 Jahren SPD-Verantwortung einiges ins Lot zu bringen. Auch deswegen habe ich zusätzlich die Aufgabe der Wirtschaftsdezernentin übernommen. Manche hielten mich dafür nicht prädestiniert, aber ich konnte die meisten Angelegenheiten mit gesundem Menschenverstand und vor allem der Erfahrung aus meiner Bundestagszeit und vielen Unternehmergesprächen über all die Mandatsjahre sehr gut einschätzen.

Schon früh in meiner Amtszeit ging es darum, im Rat zu diskutieren, ob und inwieweit es Sinn macht, die Landesgartenschau nach Kiel zu holen. Das wäre sicher eine schöne Perspektive gewesen, aber es war sehr leicht ablesbar, dass dies Investitionen im Millionenbereich erfordert hätte, die dann an anderer Stelle im Sozial- oder Verkehrsbereich gefehlt hätten. Der Investitionsstau war so massiv, dass sich Kiel das Projekt Landesgartenschau nicht leisten konnte.

Trotzdem wollten wir im wahren und übertragenen Sinne Kiel aufblühen lassen und so fiel die Entscheidung, dass sich die Stadt am europäischen Wettbewerb »Entente florale« beteiligen sollte. Nach dem Vorbild der Initiative »Unser Dorf soll schöner werden« geht es um eine gemeinsame Anstrengung der Bürgerinnen und Bürger, der Firmen und der Stadtverwaltung, die Stadt durch Blumen zu verschönern. Der Impuls ging von der

Stadtverwaltung aus, aber nur durch die gemeinsame Fantasie der Kielerinnen und Kieler, wo die Stadt blühen kann, gelang uns eine flächendeckende Aktion. Die Medien berichteten von Anfang an und teilten unsere Begeisterung. So entstanden in allen Stadtteilen neue, florale Akzente, seien es große blühende Arrangements an den Einfahrten Kiels von der Autobahn, auf den Grünstreifen der Zubringerstraßen, in den Einkaufsstraßen und der Fußgängerzone, an der Kiellinie, aber eben auch in Straßen, die bisher niemand als blühend bezeichnet hätte. Aufwändige Balkonblumen eroberten Mehrfamilienhäuser und viele Firmen verschönerten ihr Umfeld mit neuen Beeten in allen Farben. Heute würde dies neudeutsch »Urban gardening« heißen, ein Trend, der gerade New York und Berlin erobert. In Kiel wurde dies schon 2006 Realität. Wir hatten uns zunächst für den nationalen Wettbewerb beworben, und die Aufregung stieg, als die Jury in die Stadt kam. Wir zeigten den Fachleuten die neugeschaffenen Akzente und die Jury zeigte sich beeindruckt, war doch die ganze Stadt erblüht. Wir erhielten eine Einladung nach Mainz in die Sendung »Fernsehgarten« beim ZDF, wo in einer Gala die nationalen Preise vergeben wurden. Ich fuhr mit einem Mitarbeiterteam nach Mainz und war schon stolz auf das, was wir bewegt hatten. Umso größer war die Freude, als wir aufgerufen wurden und tatsächlich deutschlandweite Sieger in unserer Kategorie wurden. Ich machte einen Luftsprung, die Mitarbeiter auch und wir konnten es kaum fassen. Das mediale Echo war gewaltig und gerade der NDR berichtete immer wieder, was so eine gemeinsame Aktion für das Selbstbewusstsein einer Stadt bedeutet.

Wir waren uns alle einig, die Schlagzahl erneut zu erhöhen, umso mehr wirkten die ehrenamtlichen und die städtischen Gärtnerin-

nen und Gärtner jetzt zusammen. Wir bewarben uns für den europäischen Wettbewerb und im nächsten Schritt kam eine internationale Jury nach Kiel, um zu begutachten, was wir geschaffen hatten. Die Stadt präsentierte sich blühender denn je, und für den Abend war ein Diner am Friedrichsorter Strand organisiert. Es war eine lange Tafel mit weißen Tischdecken aufgebaut, die sanft im Wind wehten, eine Atmosphäre wie im Traum, der für mich schon an diesem Abend in Erfüllung ging. Vor Ort war damit alles erreicht, wir fuhren dann zur Preisverleihung des europäischen Wettbewerbs – in dem Bewusstsein, dass die Konkurrenz nicht schläft – und wurden wieder überrascht; dieses Mal wurden wir Sieger auf europäischer Ebene 2007 und erhielten eine Siegerplakette, die bis heute am Rathaus angebracht ist.
Das alles gelang für einen Bruchteil des Geldes, den die Landesgartenschau gekostet hätte. Das Allerschönste für mich ist aber, dass die Spuren der »Entente florale« bis heute in Kiel sichtbar sind. Jedes Frühjahr erblühen die Osterglocken, die Tulpen und die damals überall angelegten Blumenarrangements aufs Neue. Und es freut mich, wenn die Menschen mich auf »meine« Blumen ansprechen; ist dies doch ein Sinnbild dafür, was unser Anliegen war, nämlich die Stadt gemeinsam zum Blühen zu bringen und die Herzen der Menschen zu erfreuen.

Herzensprojekt Kiel Sailing City *oder* »Was China und Kiel verbindet«

Das Projekt »Kiel Sailing City« hatte ich von meinem Amtsvorgänger Norbert Gansel geerbt. Es entstand aus der Überzeugung, dass jedes Kind in Kiel die Möglichkeit haben soll,

Einblick ins Segeln zu bekommen. Damals wurde das »Camp 24/7« an der Kiellinie errichtet. Neben dem pädagogischen und dem sportlichen Aspekt war das Projekt so erfolgreich, weil es die Unternehmer Kiels mobilisiert hat, sich zu beteiligen. Schon bald schwammen Optis mit Firmenlogos in fröhlichen Farben vor dem Landtag und »Kiel Sailing City« wurde im besten Sinne ein Community-Projekt für Kiel. Es war herrlich, diese Entwicklung mit vollen Segeln zu begleiten und die Begeisterung zu erleben, wenn ganze Schulklassen sich gemeinsam an der Knotenleine versuchten und aufs Wasser wagten.

Anlässlich der Olympischen Spiele 2008 in China machte das Modell dann Schule. Die chinesische Stadt Qingdao, die als Austragungsort der Segelwettbewerbe ausgesucht worden war, wollte gerne von der doppelten Olympiaerfahrung Kiels profitieren. So erhielten wir Besuch einer chinesischen Delegation, die sehr genau unsere beiden Olympia-Häfen, das Regattahaus und das Sailing-Camp unter die Lupe nahm. Die Partnerschaft wurde feierlich besiegelt und nur einige Monate danach reiste eine Kieler Delegation nach Qingdao. Die Stadt hat insgesamt vier Millionen Einwohner und liegt am Chinesischen Meer, hatte aber keinerlei Einrichtungen für Segelsport und der Hafen war rein industriell geprägt. Als wir ankamen, empfing uns schon am Flughafen der Schriftzug »Qingdao Sailing City«, der überall im Stadtbild präsent war, lange bevor der Segelhafen fertig war. Wir staunten, dass das Modell aus Kiel fast 1:1 genauso umgesetzt worden war, und wurden Zeugen davon, dass das Segelteam der Stadt nun seinerseits junge Menschen der Stadt zu Seglerinnen und Seglern ausbildete. Wir waren bewegt und gerührt, dass wir hier einen neuen olympischen Standard setzen konnten, ohne selbst olympische Wettbewerbe durchzuführen.

Theaterzauber in Kiel *oder* »Die ganze Welt ist eine Bühne«

Ein herrlicher Sommerabend in Kiel-Friedrichsort auf dem ehemaligen Bundeswehrgelände, Premiere des Musicals »Was ihr wollt«. Die Mitarbeiterinnen und Mitarbeiter des Theaters Kiel haben ganze Arbeit geleistet und aus dem Nichts eine Open-Air-Bühne aufgebaut. Ganz Kiel ist da und der Abend wird zum Triumph für Shakespeare, Intendant und Regisseur Daniel Karasek sowie das Modell Stadttheater. Die Aufführung beweist, dass Innovation und Tradition Hand in Hand gehen können, dass ein Stadttheater eben eine ganze Stadt zur Bühne machen kann und mit einem alten Stoff und moderner Musik junge Menschen in den Bann schlagen kann.

Theater hat mich immer fasziniert, die Fähigkeit der Bühnendarstellerinnen und -darsteller, sich zu verwandeln und in fremde Identitäten zu schlüpfen. Mein Ehemann Klaus war als Journalist früh in unserer Ehe auch Gelegenheitsrezensent für die »Schleswig-Holsteinische Landeszeitung«. Seitdem sind wir dem Theater in Kiel treu verbunden gewesen. Unvergessen die Schauspielabende mit Bernhard Minetti, der Grande Dame des Kieler Theaters Rosemarie Kilian und Opernaufführungen wie »Die Zauberflöte« in der Ära Dannenberg. Die Theaterlandschaft im Flächenland Schleswig-Holstein war und ist überschaubar, umso wichtiger, dass die Institutionen vor Ort mit Esprit geführt werden. Als Orte, an denen Schicksale durchgespielt werden können, Möglichkeiten unseres Lebens, sind die Theater Kraftzentren der Sprache, der Musik und des Tanzes. An jedem Ort mit einem Theater leben und wirken die Künstler als »Artists in Residence« in die Gesellschaft hinein. Die Stadttheater in Kiel und Lübeck fungieren als kulturelle Leuchttürme in ihrer Stadt, mindestens eben-

so wichtig ist die Arbeit des Schleswig-Holsteinischen Landestheaters, das das ganze Land zwischen Flensburg und Itzehoe, Husum und Eckernförde bespielt.
Eine spannende Herausforderung in meiner Zeit als Oberbürgermeisterin war die Entscheidung über die Nachfolge der Opernintendanz. Das Theater in Kiel hatte sich nach den erfolgreichen Jahren der Ära Dannenberg abgewendet vom Prinzip des Generalintendanten und nach diversen Leitungswechseln war die Zukunft unklar. Die Opernintendanz wurde ausgeschrieben, aber es war viel Vertrauen verspielt worden und die Stimmung im Haus war nervös. Sehr harmonisch ging es im Schauspiel zu, das der junge Schauspieldirektor Daniel Karasek mit einer glänzenden Eröffnungsspielzeit ins Gespräch gebracht hatte. Daraus entwickelte sich die Idee, dass er eventuell der Richtige sein könnte, Chef des gesamten Hauses zu werden und das Prinzip Generalintendanz neu zu beleben. Es erforderte viel Fingerspitzengefühl, Mehrheiten für so eine Strukturveränderung zu erzeugen, und ich erinnere mich an intensive Gespräche mit allen Fraktionsvorsitzenden, dem Personalrat, verschiedenen Kandidatinnen und eben auch Daniel Karasek selbst. Er überzeugte durch seine besonnene, aber auch leidenschaftliche Art, und er wurde gewählt. 15 Jahre später kann man sagen, dass dies eine meiner glücklichsten Entscheidungen war. Daniel Karasek hat als Intendant, Regisseur und Personalchef des Theaters überzeugt, frischen Wind ins Theater gebracht, sich treu gegenüber verdienten Kolleginnen und Kollegen erwiesen und das Zuschauerinteresse angefacht. Plötzlich war auch die Unternehmerschaft Kiels mehr am Theater interessiert, und so gelang es, den Traum einer sommerlichen Open-Air-Serie vor dem Opernhaus mit großzügigen Sponsoren zu verwirklichen.

Am Anfang hielten ihn alle für verrückt, dass er dem Sommerregen Kiels trotzen wollte. Nach einer ersten Saison mit Bilderbuchwetter wurden die Kielerinnen und Kieler so eingefleischte Open-Air-Fans, dass ihnen Regen nichts anhaben konnte. Das Theater machte die Stadt zur Bühne und das nicht nur »in der guten Stube« der Stadt vor dem Rathaus, sondern auch am Seefischmarkt am Ostufer und an anderen Locations.
In Shakespeares Stück »Was ihr wollt« stranden Olivia und ihre Freunde am Ufer einer unbekannten Insel und für viele Kielerinnen und Kieler ist das Gelände am Ufer des ehemaligen Bundeswehrgeländes so unbekannt wie das für die Figuren des Stückes – glückliche Begegnungen, die das Theater da ermöglicht. Der Sommerabend in Friedrichsort endet mit frenetischem Applaus und mehreren Zugaben. Es lebe das Theater!

Der Grand Seigneur und das Regattahaus
oder »Niemals High Heels an Bord«

Zu den schönsten Aspekten der politischen Arbeit gehört es, dass man jeden Tag außergewöhnliche Menschen trifft, und gemeinsam mit diesen die Stadt und unsere Gesellschaft gestalten kann. Ganz besondere Erinnerungen habe ich an Berthold Beitz. Schon kurz nach meiner Wahl zur Oberbürgermeisterin 2003 hatte mich der damalige Stadtpräsident Arne Wulff auf Berthold Beitz angesprochen und vorgeschlagen, ihn zum Ehrenbürger zu küren. Er skizzierte mir, was der damals schon 90-Jährige seit seiner segelbewegten Jugend im Kieler Yacht-Club und auch als Stiftungsratsvorsitzender von Krupp alles für Kiel getan hatte und unter anderem maßgeblich dafür verantwort-

lich war, dass die olympischen Spiele 1972 in Schilksee stattfinden konnten. Mein Interesse war geweckt und schon bald ergab sich eine unkomplizierte Gelegenheit des Kennenlernens anlässlich der Bundesversammlung, in die wir beide als Delegierte entsendet worden waren. Dies war die erste Bundespräsidentenwahl, die in Berlin stattfand, und ich erinnere mich, dass neben unserem ehemaligen Ministerpräsidenten Gerhard Stoltenberg ein eleganter, schlanker Gentleman saß, scheinbar ein echter Sir vom Scheitel bis zur Sohle, Berthold Beitz. Gerhard Stoltenberg rief mich heran und machte uns miteinander bekannt. Wir kamen ins Plaudern über Kiel und die Welt, es ergab sich ein munteres Gespräch, in dessen Verlauf wir zum Thema Segeln kamen. Spontan lud mich Berthold Beitz auf seine herrliche Yacht »Germania« ein, blickte kurz auf meine hohen Schuhe und fügte mit Schalk in den Augen hinzu: »Niemals High Heels an Bord.« Ich versicherte ihm, sein Lächeln erwidernd, gute Segelschuhe zu besitzen. So fröhlich und unkompliziert sollte sich unser Miteinander auch in Zukunft gestalten.
Nachdem ich den Auftrag der Ratsversammlung erhalten hatte, die Bereitschaft des potenziellen Jubilars, die Ehrenbürgerwürde anzunehmen, abzufragen, reiste ich nach Essen und wurde dort in der legendären Villa Hügel empfangen. Der Gentleman alter Schule stimmte freudig zu, in der Ratsversammlung ergab sich eine überwältigende Mehrheit und es gelang uns eine würdevolle Feier mit großer Aufmerksamkeit für das Ehepaar Beitz, in der wir den neuen Ehrenbürger Kiels kürten. Der Jubilar hatte sich schon oft außerordentlich großzügig zugunsten Kiels verhalten. Gerade wenn es um Investitionen in den Segelsport und um den Kieler Yacht-Club ging und Not herrschte, hatte er schon oft geholfen.

Eines Tages waren wir mit der Situation konfrontiert, dass der »Deutsche Seglerverband«, um die Wettbewerbsfähigkeit Kiels als Austragungsort für nationale und internationale Regatten zu erhalten, den Bau eines Regattahauses forderte. Das olympische Segelzentrum war in die Jahre gekommen, die städtischen Kassen waren aber auch nicht auf diese Sonderinvestition gefasst. Zunächst habe ich an das Prinzip Eigenverantwortung appelliert und die segelaffine Unternehmerschaft Kiels zu einem Gespräch am runden Tisch eingeladen, um Interesse für eine Partnerschaft aus öffentlicher und privater Finanzierung zu ermöglichen. Insgesamt ging es um etwa 800 000 Euro. Das Gespräch verlief zäh, da stand ein Teilnehmer auf und schlug vor, wir sollten doch einen Scheich, der in Europa Geld ausgeben will, herbeizaubern oder das Ganze eben selbst aus der öffentlichen Kasse bezahlen. Ich empfand dies als unangemessen, hatte aber die Lacher auf meiner Seite, als ich darum bat, mir doch bei Gelegenheit, die Adresse des ominösen Scheichs zu nennen. Das Problem blieb ungelöst und mir war etwas mulmig, als ich stattdessen beschloss, Berthold Beitz um Rat zu bitten. Ich erzählte ihm alles von Schilksee bis zum Scheich, es blieb nur kurz ruhig in der Leitung, dann sagte er: »Schicken Sie mir mal einen Plan, wo das Regattahaus hin soll, was es können und was es kosten soll. Einen Scheich brauchen Sie da nicht.« Ich war sprachlos. Gesagt, getan. Er ließ das Regattahaus für Kiel bauen. Es wurde ein eindrucksvoller, funktionaler Bau, der das alte und das neue Schilksee im Olympiahafen klug miteinander verknüpft und versöhnt. Immer auch an meiner Seite: Dierk Thomsen, großer Segler und Sportfunktionär, sowie der damalige KYC-Vorsitzende Henning Winter.

Zur Eröffnung kam seine Tochter Bettina, aber einige Zeit danach wollte er sich selbst ein Bild davon machen und bat mich, ihm das Gebäude zu zeigen. Die Verabredung war, dass er mit seiner Yacht »Germania« vom alten zum neuen Olympiahafen segelt, dort sollte ich ihn allein empfangen. Und so bleibt mir dieser Tag in starker Erinnerung: Die herrliche Yacht läuft in den Hafen ein, der hochbetagte Skipper steht am Ruder, nach gelungenem Anlegemanöver legt die Crew die Gangway vom Heck zum Ufer aus, und ohne sich einmal festzuhalten, kommt Berthold Beitz im Segelpullover kerzengerade auf mich zu, begrüßt mich herzlich und hakt sich unter. So schritten wir zum Regattahaus, genossen die Aussicht vom Balkon aufs Wasser, er war begeistert vom Gebäude und wir von seiner Großzügigkeit. Freude auf allen Seiten. Berthold Beitz war ein Sir, nicht nur Ehrenbürger, sondern vor allem auch ein Freund für diese Stadt.

Mein Segelgeheimnis *oder* »Hoffentlich ist es bald vorbei«

Als Oberbürgermeisterin war es mir ein großes Anliegen, den Ruf Kiels als Stadt des Segelsports, als »Kiel Sailing City« auszubauen und voranzubringen. Mein Ehemann Klaus war begeisterter Segler und Mitglied in einem Kieler Segelclub. Unser Boot, eine Bianca 27, lag im alten Olympiahafen zwischen Landtag und Kieler Yacht-Club. Und so wurde ich immer als die aktiv segelnde Oberbürgermeisterin wahrgenommen.
Das entsprach auch meiner Überzeugung, aber im realen Leben hielt sich meine Segelbegeisterung immer in Grenzen. Ich liebe das Meer, das Gefühl der Freiheit auf dem Wasser, aber ich werde leider meist schon seekrank, wenn ich ans Segeln denke. Mein Ehemann und unsere Tochter Tina entdeckten das Segeln parallel: Während Tina es liebte, im Opti bei Starkwind

vor Schilksee zu kreuzen, erwarb Klaus eine Jolle. Als wir damit das erste Mal segelten, wehte eine frische Brise und wir begleiteten die Optis. Damals hatte ich keine Ahnung vom Segeln, ich klammerte mich ängstlich an den Mast der Jolle, wurde nass, spürte die Sorge um Tina und die Übelkeit in mir aufsteigen und dachte: »Hoffentlich ist es bald vorbei.« Vater und Tochter waren in ihrem Element, und alle fünf Schiffe, die wir unser Eigen nannten, trugen auch den Namen unserer Tochter. Als wir nach der Jolle das erste Dickschiff erworben hatten, versuchte ich durch selbstlose Mitarbeit im Winterlager schon vor dem Segelsommer eine Beziehung zu dem Boot aufzubauen, aber vergeblich. Die Seekrankheit blieb mir erhalten, sei es bei kurzen Schlägen nach Heikendorf oder dreiwöchigen Törns nach Dänemark. So manches Mal schickte ich Vater und Tochter alleine auf Tour, was beide sehr genossen. Als Tina dann schon studierte, nahm ich erneut Anlauf, eine gute Mitseglerin zu sein und scheiterte regelmäßig trotz aller angeblichen Mittel gegen Seekrankheit. Ab und zu hat dies meine Ehe auf die Probe gestellt, aber ich bin immer wieder auf das Boot gestiegen. Als ich dann Oberbürgermeisterin wurde, habe ich von dieser Segelerfahrung sehr profitiert, denn bei aller Ambivalenz wusste ich, wovon ich rede. Und so lächelte ich bei offiziellen Anlässen, die meine Präsenz auf Segelbooten erforderten, die Seekrankheit einfach weg, konzentrierte mich auf den Horizont und hoffte, dass niemand meine etwas gebremste Euphorie bemerkt.

Das literarische Duett *oder* »Die Karaseks machen mich nervös«

Helmuth Karasek galt als einer der klügsten Köpfe des Literaturbetriebs, und das nicht erst, seit er es mit der Literatursendung »Das literarische Quartett« zu Fernsehruhm gebracht hatte. Ich schätzte seine messerscharfen Analysen und bewunderte seine Leidenschaft für das Metier. Eines Tages sollte ich als Vorsitzende des Kuratoriums des Kieler Hospizes eine Benefiz-Veranstaltung organisieren und es entstand die Idee, Daniel und Hellmuth Karasek zu bitten, einen musikalisch-literarischen Abend gemeinsam zu gestalten. Vater und Sohn traten nur sehr selten gemeinsam auf, aber zu meiner Überraschung sagten beide ganz unkompliziert zu. Die ganze Organisation gestaltete sich vorab verblüffend einfach, als Ort konnten wir die herrliche Kunsthalle gewinnen, die Jazzband der Universität kündigte ebenfalls ihre Mitwirkung an.

Je näher der Abend aber rückte, desto nervöser wurde ich. Als wir die Einladungen aussenden wollten, gestaltete es sich als unmöglich, Vater oder Sohn einen konkreten Titel zu entlocken oder irgendeine thematische Eingrenzung vorzunehmen, die wir hätten ankündigen können. So stand auf der Einladung eben nur »musikalisch-literarischer Abend«, aber niemand wusste, was die beiden zum Besten geben würden. Der Vorverkauf lief prächtig und alle 200 Plätze für den Galaabend waren in Windeseile ausverkauft. Meine Nervosität steigerte sich. In mir regte sich der Verdacht, dass Hellmuth Karasek vielleicht gar nicht kommen würde und dass Daniel Karasek dies längst wusste, aber sich nicht traute, es mir zu sagen. Sowohl Daniel als auch das Büro seines Vaters versicherten mir, dass alles in Ordnung sei. Aber als es ebenso unmöglich war, sich auf eine genaue Ankunftszeit, ein Verkehrsmittel und das Ob und Wie einer Unterkunft für den Gast zu verständigen, steigerte dies meine Zuversicht kaum. Ich hatte schon Albträume davon, der aufgebrachten Spenderschar am Abend selbst erklären zu müssen, warum die Karaseks leider nicht kommen konnten. Irgendwann siegte mangels Alternativen der Fatalismus in mir und ich ließ den Abend auf mich zukommen.

Als mich Daniel Karasek am Vormittag der Veranstaltung anrief, war ich sicher, dass er mir die Absage sanft beibringen wollte. Tatsächlich wollte er nur wissen, wo eine Garderobe in der Kunsthalle für eine Verständigung vorab zur Verfügung stehen würde. Ich blieb misstrauisch. Als eine Stunde vor Beginn der Gala keiner der beiden anwesend und/oder erreichbar war, wurde mir klar, dass ich dem Publikum nicht einmal ankündigen konnte, was es verpassen würde, weil die Karaseks mir das Programm gar nicht gesagt hatten. Vater und Sohn erschienen dann tatsächlich eine halbe Stunde vor Beginn, beide bestens gelaunt und ohne eine Spur Nervosität. Mir zitterten die Knie, denn ich wusste immer noch nicht, was das Programm sein würde. Als ich zur Garderobe kam, hielt Hellmuth Karasek die »Bildzeitung« in der Hand. Wollte er daraus vorlesen? Als ich den Raum betrat, begrüßten wir uns herzlich und er fragte seinen Sohn verschwörerisch: »Weiß sie es schon?« Ich kombinierte blitzschnell (denn als Politikerin gehört die Lektüre dieses Mediums dazu), antwortete »Ja, sie weiß es schon« und gratulierte dem stolzen Vater zum Debütroman seiner Tochter, der Halbschwester von Daniel, der an diesem Tag in der »Bild« sehr positiv gewürdigt worden war.

Minuten danach nahmen die Karaseks das Podium in Besitz und eroberten das Publikum gemeinsam mit der Band im

Sturm. Es wurde ein zauberhafter Abend in der Kunsthalle. Daniel las und rezitierte eindrucksvoll und humoristisch Geschichten von Wilhelm Busch und Hellmuth Karasek erzählte und las aus seinen Reisegeschichten in ferne Länder und vor allem nach Frankreich, über das französische Savoir-vivre, die besten Melonen und den feinsten Wein. Und ohne die sonst so mühsame Vorbereitung gelang die feine Art der Unterhaltung. Da saß ein Team, das ein Leben lang eingespielt war aufeinander, das sich Stichworte zuwarf und das von der »Leichtigkeit des Seins« berichtete, menschlich und persönlich. Mich hat dies sehr berührt, nicht nur weil es so stimmungsvoll war, sondern auch, weil es so richtig für die so wichtige Arbeit dieser Institution war – ein Abend, der dem Leben zugewandt war und sich doch unserer Endlichkeit bewusst war.

Fördestadt *oder* »Die Ostsee als das Tor zur Welt«

Jede Stadt hat ihre Besonderheiten, aber es gibt auf der ganzen Welt kaum eine Stadt, in der es zu den Aufgaben des Stadtoberhaupts gehört, Schiffe und ihre Reeder zu empfangen und zu betreuen. Umso lieber habe ich mich diesen Aspekten gewidmet.
Die geografische Lage am Meer bedeutet für Kiel ein Tor zur Welt, die man von hier aus erreichen kann. Die Stadt ist im wahrsten Sinne weltoffen über die See, wir können ferne Länder per Schiff erreichen und die Menschen können über das Meer zu uns kommen. Der Hafen trägt zur Identität Kiels bei (soweit die philosophische Erkenntnis), hat aber auch hohe wirtschaftliche Relevanz (soweit die ökonomische Interpretation).

Die beiden wichtigen Reedereien, die Color Line und die Stena Line, schaffen tagtäglich eine Brücke nach Norwegen und Schweden. Allein in meiner Amtszeit hatte ich das Glück, dass die Color Line-Reederei zwei brandneue Schiffe für den Fährverkehr Oslo–Kiel bauen ließ. Die Neubauten waren ein starkes Bekenntnis zu Kiel. Es zeigte sich schon bald, dass die Color Fantasy ein ganz besonderes Schiff werden sollte, nämlich keine typische Fähre mit reiner Transportfunktion, sondern ein modernes Erlebnisschiff für alle Generationen mit Kreuzfahrtkomfort, das eben auch Autos transportiert. Zur Schiffstaufe wurde ich nach Oslo eingeladen und genoss die schöne Atmosphäre. Auf Einladung des norwegischen Reeders blieb ich auch für die Jungfernfahrt nach Kiel an Bord, und dort wiederum erlebte er die eigentliche Situation. Halb Kiel hatte sich zum Hafen aufgemacht, mehr als 100 000 Menschen säumten die Fördeufer und hatten sich aufgemacht, das Schiff zu begrüßen. Was für ein Spektakel! Die Kieler wissen eben zu feiern. Olav Nils Sunde war davon so angetan und begeistert, dass er mir spontan sagte: »Das nächste Schiff taufen wir in Kiel.« Gesagt, getan. Die Zwillingsschwester der »Color Fantasy« sollte »Color Magic« heißen und war knapp eineinhalb Jahre danach ausgeliefert worden. Nun stand die Schiffstaufe in Kiel an, und auch dieses Mal ließ sich Kiel nicht bitten. Es waren erneut unglaublich viele Menschen auf den Straßen und am Ufer und wollten »ihr« neues Schiff willkommen heißen. Veronika Ferres übernahm die Ehre, das Schiff mit einer riesigen Champagnerflasche zu taufen, Ministerpräsident Peter Harry Carstensen unterstützte sie und der Tauftag geriet wie erwünscht zum fröhlichen Volksfest. Die Kielerinnen und Kieler hatten Olav Nils Sunde jedenfalls nicht enttäuscht.

Auch die Stena Line hat in meiner Amtszeit ihr Bekenntnis zu Kiel überdacht. Die Abfertigungsanlagen waren veraltet und auch die Schiffe nicht auf dem neuesten Stand. Mit dem Eigentümer der Stena, Dan Sten Olsson, habe ich deswegen ein längeres Gespräch geführt und meine Bewunderung dafür, dass er als privater Eigentümer im hochriskanten Geschäft der Schifffahrt so treu zu Kiel steht, zum Ausdruck gebracht. Ebenso waren auch seine unternehmerischen Entscheidungen konsequent. Er entschied, die Flotte zu modernisieren, effizientere und komfortablere Schiffe mit höheren Umweltstandards auszustatten und neu auf der Strecke Göteborg–Kiel einzusetzen. Uns beiden war aber auch eine in die Zukunft gerichtete Perspektive für die Infrastruktur wichtig. Und so haben wir die Erneuerung des Schwedenterminals in Angriff genommen. Das forderte gegenseitiges Vertrauen, und als ich kurz vor Auslaufen meiner Amtszeit eine Bürgschaftserklärung der Stadt zugunsten des Projektes über immerhin zehn Millionen Euro unterzeichnen sollte, habe ich Dan Sten Olsson mit unserem Hafenchef Dirk Claus erneut vor dieser schweren Entscheidung getroffen. Er bestätigte mir, dass sich die Stadt Kiel wie bisher auf die Stena Line verlassen kann. Und so habe ich unterschrieben. Das neue Terminal ist heute ein lebendiger Leuchtturmbau im Hafen mit modernster Abfertigungstechnik, Büros und einem Lokal, das einen herrlichen Blick auf die Förde ermöglicht. Und die Stena hat ihre Versprechen erfüllt.
Die Entwicklung des Schifffahrtsgeschäftes gewann zu der Zeit deutlich an Fahrt, und mir wurde klar, dass die Erneuerung der Hafenanlagen ein echter Schlüssel für die Zukunft Kiels sein könnte. So lag auf der Hand, dass das alte Langeland-Fährterminal ungenutztes Potenzial hatte, und wir beschlossen, es zu

einer Anlegestelle für Kreuzfahrtschiffe auszubauen. Peter Harry Carstensen und das Land zogen mit und Kiel hat bis heute ungemein von dieser Entscheidung profitiert.
Die Anzahl der Kreuzfahrtschiffe, die Kiel anliefen, stieg stetig, und ich machte es mir zur Angewohnheit, viele der Schiffe, die zum ersten Mal kamen, persönlich zu begrüßen. Das kam gut an, und bald stieg die Zahl der Reservierungen durch die Reedereien. Den Durchbruch brachte das Bekenntnis der Reederei MSC zu Kiel, deren Schiffe regelmäßig von Sophia Loren getauft wurden, die eng mit der italienischen Eignerfamilie Aponte befreundet ist. Ich verstand mich auf Anhieb gut mit Signor Vago, Schwiegersohn vom Eigner Signor Aponte. Er lud mich nach Genf ein, um dort eine mittelfristige Kooperation zu vereinbaren. Ich flog also mit unserem Hafenchef Dirk Claus und dem Reedereiagenten Volkert Knudsen in die Schweiz und war sehr gespannt auf unsere Verhandlungen. Aber am Vorabend, bevor diese begannen, lud uns die Familie in ein herrliches, italienisches Lokal am Ufer des Genfer Sees ein. Es ging sehr elegant und – typisch italienisch – sehr familiär zu, und wir hatten den Eindruck, schon während des Abendessens in die Familie aufgenommen worden zu sein. Am nächsten Morgen waren wir uns bereits über alles einig und unterzeichneten feierlich einen Fünfjahresvertrag, in dem sich MSC dazu bekannte, dass Kiel Dreh- und Angelpunkt für die Schiffsbewegungen der Reederei in der Ostsee werden sollte. Wir waren überglücklich. Bald zogen andere Reedereien nach, heute sind AIDA, Costa, Hapag Lloyd, Phönix Reisen und TUI sehr präsent. Aber MSC hatte damals als erste Reederei den Mut, sich für fünf Jahre festzulegen, unsere Investitionen konsequent zu nutzen, und hat davon ebenso wie die Stadt profitiert. Mir machte es

jedenfalls die allergrößte Freude, diesen Schritt der Hafenentwicklung anzustoßen und zu fördern.
Heute ist Kiel eine der ersten Destinationen für Kreuzfahrtschiffe und an manchen Wochenenden sind es bis zu fünf Schiffe mit bis zu jeweils 4000 Passagieren, die in Kiel Station und Passagierwechsel machen.
Die Klaipeda Linie kam vor 25 Jahren nach Kiel und verbindet die Förde konsequent mit dem Baltikum. Die riesigen Fähren und Kreuzfahrtschiffe gehören mehr denn je zum Stadtbild, und Kiel atmet mit ihnen. Sie fahren bis weit in die Stadt hinein, von der Anlegestelle kann man zum Bahnhof gehen, und trotzdem bleibt es außergewöhnlich, dass die Sehnsucht nach der Ferne in Kiel so nah und präsent ist.

Auszeit in Strande *oder* »Bruno und der Leuchtturm«

Alltagsfluchten beleben Herz und Sinn und machen uns fit für die nächste Arbeitswoche. Für Klaus und mich ist Brunos Strandbar in Strande ein Ort der Alltagsflucht, zu jeder Jahreszeit und bei jedem Wetter. Wir passieren die Stadtgrenze, entweder per Auto oder auch zu Fuß, wenn wir das Auto in Schilksee abgestellt haben, und allein der Spaziergang vom Parkplatz bis zu Bruno ist die pure Erholung. Die Seeluft holt uns ab und geleitet uns manchmal sanft, manchmal stürmisch in Brunos Pavillon oder an einen der gemütlichen Verzehrstrandkörbe. Die Gastfreundschaft des Self-Made-Man Bruno ist weit über Strande und Kiel bekannt, seine Terrasse ein fröhlicher Treffpunkt für Alt und Jung aus der ganzen Region.

Die Erinnerungen reichen weit zurück. Schon während meiner Schwangerschaft hat Klaus mich oft dort hinausgefahren und ich habe es geliebt, mich in der Seebrise auszuruhen. Mit unserer Tochter waren wir oft dort, erst mit Sandspielsachen, dann vor und nach den sommerlichen Segeltörns oder einfach so mitten im Jahr – unser Segelboot lag eine Zeit lang in Strande. Auch wenn meine Sehnsucht nach dem Schiff nicht mit der Segelleidenschaft von Klaus und Tina vergleichbar ist, so bin ich allein wegen Bruno gerne nach Strande gefahren. Während meiner politischen Laufbahn war mir Bruno ein Lieblings-Fluchtpunkt, um ein paar Stunden am Wochenende frische Energie zu tanken. Am Vorabend ihrer Hochzeit haben Tina und ihr Mann dort Polterabend gefeiert, die ganze Hochzeitsgesellschaft saß entspannt im Sand und tanzte am Strand. In den Jahren danach waren die Enkelkinder jedes Jahr im Sommer in Strande, kannten bald Brunos Speisekarte auswendig und wagten sich immer weiter ins Meer hinein. Zehn Jahre später feierten die Generationen zusammen das Hochzeitsjubiläum bei Bruno – und wenn an der Ostsee irgendwo karibische Gefühle, Gastfreundschaft und die Leichtigkeit des Lebens erfahren werden können, dann ist es dort gelungen – zwischen dem Strandsupermarkt und dem Steg, zwischen Strandpromenade und Sand. Bruno selbst hat das Geschäft nun in jüngere Hände übergeben, aber die Magie des Ortes und sein unnachahmlicher Stil als Gastgeber haben sich erhalten.

Doppelhüllentanker von Lindenau *oder* »Die Globalisierung erreicht Kiel«

Ein Jammer ist es, dass es die ursprüngliche Lindenau Werft nicht mehr gibt. Gemeinsam mit HDW prägte die Werft mehr als ein halbes Jahrhundert die Schifffahrtsgeschichte an der Förde. In den Wirren des Weltkrieges war Harald Lindenau aus Memel nach Kiel gekommen und hatte die Werft in Friedrichsort im Jahr 1945 neu gegründet. Er war ein wertebewusster Chef und Unternehmer und steuerte die Werft sicher durch die Euphorie des Wirtschaftswunders, aber auch durch die Stahlkrise und andere schwierige Phasen. Mit fortschreitender Globalisierung wurde das Werftgeschäft am lohnintensiven Standort Deutschland immer herausfordernder. Sein Sohn, Dirk Lindenau, hatte ein eigenes Rezept entwickelt, damit umzugehen, und mich durch eine neue Strategie beeindruckt.

Er hatte früh erkannt, dass im Schiffbau nicht Größe ausschlaggebend ist bzw. dies für Lindenau nicht die Zukunft sein kann, sondern dass es im kleiner werdenden Markt auf Qualität und Spezialisierung ankommt. So gelang es ihm immer wieder, Nischen für das Werftgeschäft zu entdecken. Dazu gehörte u. a. der neue, umweltfreundliche Standard der Doppelhüllentanker, die erhöhte Sicherheit im Fall einer Havarie ermöglichten. Als Abgeordnete und auch Oberbürgermeisterin gehörte es zu meinen Aufgaben, den Wirtschaftsstandort Kiel zu fördern und Kontakte zu fördern. So gelang es, gemeinsam mit dem Europaabgeordneten Reimer Böge europäische Fördermittel für die Werft zu akquirieren und zu fördern, dass damals einige der ersten Doppelhüllentanker in Kiel gebaut wurden. Dieser neue Standard war aufgrund einiger schlimmer Havarien entwickelt worden und Dirk Lindenau hatte damit einen Wettbewerbsvorteil durch Spezialisierung erzielt. Die Auftragsbücher waren auf Jahre voll und die »Kieler Nachrichten« berichteten regelmäßig voller Stolz über die Neubauten »made in Kiel«. In schöner Regelmäßigkeit gab es Schiffstaufen in der Werft in Friedrichsort und die Menschen im Stadtteil feierten dann ein fröhliches Fest mit Musik, Luftballons und einem spektakulären Stapellauf in die Förde. Ganz Friedrichsort war auf den Beinen, ein echtes Volksfest.

Gerade bei solchen Anlässen zeigte sich die Überzeugung, die den Seniorchef ausmachte: Er war ein echter Familienunternehmer, der mit seiner Belegschaft eng verbunden war. Am Tag der Schiffstaufe bot sich immer ein sensationelles Bild von dem Gerüst aus, auf dem kurze Reden gehalten und dann die Flasche an den Schiffsrumpf geschwungen wurde. Und immer fand der Werftchef persönliche Worte des Dankes für seine Mannschaft und man spürte, dass da ein Chef für seine Belegschaft und eine Belegschaft für die Firma einstand. Man konnte den Stolz der Mitarbeiter spüren. Ich erinnere mich an kantige Kerle, deren Augen feucht wurden, als sich der kolossale Neubau, der sie Monate beschäftigt hatte, erstmals in Bewegung setzte und mit einem Ruck in die Förde glitt. Umso bedauerlicher war es, dass es nicht möglich war, diesen Wettbewerbsvorteil aufrecht zu halten. Auch als es schwierig wurde, hat sich Gertrud Lindenau immer mit für den Erhalt der Werft eingesetzt. So sehr stand das Ehepaar Lindenau zum Familienbetrieb, der den Stadtteil prägte, und dessen Insolvenz im Zeichen der Globalisierung bis heute schmerzt.

Feridun Zaimoglu *oder* »Offene Horizonte zwischen Ostsee und Bosporus«

Manche Menschen mag ich einfach, auch wenn uns nach allgemeiner Erwartung oder traditioneller politischer Einordnung kaum etwas verbinden dürfte. Dazu gehört Feridun Zaimoglu, der seit vielen Jahren in Kiel zu Hause ist und Wurzeln geschlagen hat, ohne je seine eigenen Wurzeln zu verleugnen. Ich kenne kaum einen Menschen mit so lebhafter Fantasie, einen so begnadeten Geschichtenerzähler wie ihn, der gleichzeitig so sehr auf dem Boden der Tatsachen steht.

So hat mich ganz unerwartet die Uraufführung des Theaterabends »Die zehn Gebote«, zu dem Intendant Daniel Karasek Feridun Zaimoglu und Shlomo Moskovitz als Autoren aus unterschiedlichen Kulturkreisen eingeladen hatte, im besten Sinne in ihren Bann geschlagen. Ich wusste nicht so recht, was mich an diesem Abend erwarten würde, und war etwas lustlos und skeptisch ins Schauspielhaus gegangen. Ein Abend der theatralen Betroffenheit mit christlichen, jüdischen und muslimischen Elementen? Schon nach wenigen Minuten war ich gefangen genommen und fieberte mit den Schicksalen der von Feridun Zaimoglu erdachten Kriegsteilnehmer, die in Extremsituationen vor moralische Entscheidungen gestellt wurden. Ein betörend verstörender Abend entwickelte sich vor meinen Augen und als ich diesen so erfolgreichen, kreativen und trotzdem in seiner Art eher schüchternen Menschen in der Pause mit seinem Co-Autor Dieter Senkel vor dem Schauspielhaus nervös mit einer Zigarette in der Hand traf, musste ich ihm einfach um den Hals fallen.

Ebenso herzlich umarmten wir uns eines Tages auf dem Parkett des Reichstags, wo wir uns anlässlich der Wahl des Bundespräsidenten begegneten. Unsere Umarmung sorgte für eine Menge erstaunter Gesichter – wir sind ja ganz unterschiedliche Typen, auch in der politischen Verortung. Wir waren beide als Delegierte Schleswig-Holsteins in die Bundesversammlung entsendet worden, Feridun für die Grünen und ich für die CDU, und haben uns einfach jenseits aller Parteigrenzen gefreut, uns zu treffen und gemeinsam den Bundespräsidenten zu wählen.

Ich jedenfalls genieße es, diesen weltoffenen Menschen, herausragenden Schriftsteller und klugen Wanderer zwischen den Welten in Kiel zu wissen. Wenn ich ihn treffen will, weiß ich wo. Meist sitzt er morgens in seiner angestammten Ecke in einer bestimmten Bäckerei, frühstückt, lässt das Leben an sich vorbeiziehen und sich für seine Arbeit inspirieren. Seine Romane verschenke ich gerne und, wenn ich mal gern ein Buch von ihm signiert haben möchte, dann suche und besuche ich ihn dort. Und wenn ich ihn nicht finde, rufe ich ihn an. Glückliche Stadt der kurzen Wege und weiten Horizonte, die solche Bewohner hat.

Der America's Cup *oder* »Giganten auf der Förde«

Ein Höhepunkt in der sportlichen Entwicklung Kiels war auch die deutsche Mitwirkung am America's Cup. Die Idee wurde im Kieler Yacht-Club geboren, es hatte ja seit Jahren keine deutsche Beteiligung an dieser legendären Wettfahrtserie gegeben. Nach Jahren des Abwartens ging es plötzlich sehr schnell, mit dem berühmten, dänischen Segelolympiasieger Jesper Bank war ein erfahrener Skipper für das deutsche »United Internet

Team Germany« gewonnen, und Klaus Murmann und Ralph Dommermuth, der Eigentümer von »1&1 Internet«, wurden zu Motoren und Förderern des Projekts. Wir wurden von diesem Vorstoß im Rathaus zunächst überrascht, aber die Dynamik der Initiatoren machte es der Stadt Kiel leicht, die Arme auszustrecken und diese neue, deutsche Mission »America's Cup« in Kiel anzusiedeln und auch finanziell zu fördern. Gemeinsam mit Jesper Bank gaben wir den Startschuss bei einer Pressekonferenz im Yacht-Club, die das Sportevent einer breiten Öffentlichkeit nahebrachte. Ab nun war die Mission im Mittelpunkt der seglerischen Aufmerksamkeit in Deutschland – das Ganze fühlte sich etwas wie EM oder WM im Fußball an. Ein Schiff musste finanziert werden, die Knierim-Werft in Kiel kam mit ihrer Expertise ins Spiel. Für die Auswahlrennen wurde zunächst ein gebrauchtes Boot adaptiert, finanziert vom ehemaligen Arbeitgeberpräsidenten, Klaus Murmann, und dann im Hafen von Valencia, das der Austragungsort des »America's Cup« war, getauft. Obwohl der Segelhafen gar nicht fertig war, wurde die Schiffstaufe zum bewegenden Erlebnis und auch zu einem Moment, der alle Mitglieder dieser Mission menschlich zusammengeschweißt hat. Ich durfte unseren »America's Cupper« taufen und fühlte mich geehrt, diese Mission der besten und verrücktesten Segelenthusiasten begleiten zu dürfen. Eine herrliche Stadt der Kunst und Wissenschaften und nun auch des Sports entfaltete sich vor uns und eben auch ein herrliches Segelrevier vor der Küste. Es herrschte Aufbruchstimmung im deutschen Team.
Inspiriert von soviel internationaler Segelluft entstand parallel unser neuer »America's Cupper«, der dann tatsächlich gegen die ewigen Rivalen Neuseeland und USA, aber auch die Segelteams aus Großbritannien, Frankreich und Südafrika antreten sollte.

Diese Taufe planten wir für Kiel, und zu diesem Anlass kam die Ehegattin des damaligen Bundespräsidenten Horst Köhler, Eva Luise Köhler, an die Förde. Am »Millionenbecken« des Kieler Yacht-Clubs lag unser ganzer Stolz an Land, und Hunderte Kielerinnen und Kieler kamen, um der Schiffstaufe, die Eva Luise Köhler als Patin durchführte, beizuwohnen. Die Hochstimmung des Teams hatte längst die Bevölkerung erfasst, und als es gelang, eine Serie der Pre-Races auf der Förde vor dem Olympiahafen zu veranstalten, kannte die Euphorie für das Segelspektakel zum Anfassen keine Grenzen. Es war ein majestätischer Anblick, als die riesigen Yachten auf den engen Regattakursen der Förde gegeneinander antraten und man dies vom Ufer hautnah verfolgen konnte. Unser »Cupper« mit dem schwarz-rot-goldenen Logo und dem Schriftzug von »1&1 Internet« war eine echte Schönheit und genoss alle Sympathien eines Heimatteams. Ein eigenes Segelzentrum entstand vor dem »Camp 24/7«, Ralph Dommermuth war an die Förde gekommen und überzeugte sich persönlich vom Erfolg der deutschen Mission. Die Begeisterung hatte ganz Kiel erfasst und es kamen Unternehmer von sich aus auf mich zu, um zu besprechen, was noch alles für Kiel gemacht werden könne. Die Stadt konnte durch Infrastrukturmaßnahmen unterstützen, und es war über alle Fraktionsgrenzen im Rat hinweg ein menschlicher und persönlicher Geist der Zusammenarbeit zu spüren.
Im Jahr darauf hatte sich der Segelhafen von Valencia prächtig entwickelt und aus der Baustelle und den grauen Steinhallen waren Schmuckstücke der einzelnen Ländervertretungen geworden. Bei einer der Testfahrten sollte ich nun auch als zusätzliches Crewmitglied an Bord kommen, worauf ich mich – eingedenk meiner Neigung zur Seekrankheit – mit angehaltenem

Atem und Bewusstsein für diese außergewöhnliche Möglichkeit einließ. Das Segelrevier vor Valencia, das bekannt für seine frische Brise war, meinte es gut mit mir an diesem Tag. Das Mittelmeer lag bei einem leichten Lüftchen glatt da und selbst die windempfindlichen Giganten des Segelsports schoben sich nur langsam umher – aufregend genug für mich und inspirierend, Jesper Bank, sein Team und ihren Teamgeist zu erleben. Als die Regatta nicht gestartet werden konnte und es heim in den Hafen gehen sollte, überließ ich meinen Platz dann meinem segelbegeisterten Ehemann, der auf eigene Kosten mit nach Valencia gekommen war und bis heute von diesem Erlebnis schwärmt.
Den »America's Cup« gewonnen hat die deutsche Mission nicht, aber allein die Beteiligung hat unerwartet viel Aufmerksamkeit und neues Selbstbewusstsein für den Segelsport und die Stadt Kiel geschaffen, frei nach dem olympischen Motiv »Mitmachen ist alles!«. Und das Bild von den spektakulärsten Yachten der Welt auf der Förde bleibt im kollektiven Gedächtnis unserer Stadt.

Die Fischbude *oder* »Mit Apfelzwiebelsauce oder ohne?«

Manchmal kann ein kleiner Impuls große Auswirkungen für ein ganzes Umfeld haben. So etwas ist uns in dem Areal rund um den Anleger der Fördedampfer in Schilksee gelungen. Der Olympiahafen in Schilksee, der 1972 als funktionaler Zweckbau mit den Athletenapartments entstanden war, war Anfang des neuen Jahrtausends in die Jahre gekommen und benötigte auf allen Ebenen Renovierungsmaßnahmen, um die Attraktivität des Areals und der Wohnungen zu sichern. Das geschah und die

Kielerinnen und Kieler hatten auch die Ladenzeile mit ihren Cafés, der Eisdiele, der Pizzeria und den Segelgeschäften ins Herz geschlossen, wo man auch an Regentagen flanieren und einen tollen Blick über die Förde genießen konnte. Im Seglerbereich entstand das neue Regattahaus, und trotzdem hatte der Bereich rund um den Dampferanleger im Übergang zum Strand etwas Trostloses. Für den Sommer hatte sich dort eine mobile Fischbude angesiedelt und sich unerwartet zu einem Anziehungspunkt für Groß und Klein entwickelt. Erstklassige Fischbrötchen und authentisch-liebevoller Service mit dem Charme des Nordens ließen die Herzen der Kielerinnen und Kieler höher schlagen, und sie kamen wieder. Allein die im Marineton vorgetragene Serviceabfrage »Mit Apfelzwiebelsauce oder ohne?« bzw. die legendäre Sauce selbst waren den Besuch wert. An schönen Tagen bildeten sich lange Schlangen und nach zwei Sommern war der mobile Stand zur festen Größe geworden, auch wenn alles provisorisch wirkte. Was also tun? Wir wollten die Fischbude behalten und das Gelände aufwerten. Also entstand der Gedanke, ein Fischbudenhäuschen zu bauen und mit Toiletten auszustatten, sowohl für die Dampferpassagiere als auch die Strandbesucher und die Segler. Im Gespräch über diese Idee ließ sich der Baudezernent dafür gewinnen, das feste Haus wurde gebaut und wurde noch mehr neuer Mittelpunkt des Hafen- und Strandlebens. Das Fischbudenteam ist immer fair in den Preisen geblieben und hat nie nachgelassen in seiner Liebe zum Fisch und den Kunden. Und so freue ich mich jedes Mal, wenn ich nach Schilksee komme, über unsere schöne Fischbude, die positive Wirkung der Investitionen im Olympiahafen und die legendäre »Apfelzwiebelsauce«.

Olympische Segelstadt *oder* »Olympia 1936, 1972 und ...?«

Nirgendwo auf der Welt gibt es eine Stadt mit zwei Olympiahäfen und einem alljährlichen Volksfest des Segelns außer in Kiel. In der Infrastruktur der Stadt haben beide Spiele ihre Spuren hinterlassen. An die Olympiade 1972 kann ich mich gut erinnern, damals wurde das neue Olympiazentrum in Schilksee gebaut, Kiel an das Autobahnnetz angeschlossen und der Elbtunnel als Großprojekt moderner Mobilität verwirklicht.
Damals war ich gerade mit dem Studium fertig, trat meinen Dienst als Referendarin an und unsere Tochter war drei Jahre alt. Die ganze Familie ließ sich anstecken von der Olympiabegeisterung und reiste an, um die große Eröffnungsfeier zu erleben. Schilksee war von Anfang an als offenes, demokratisches Zentrum des Segelsports geplant und so kann man nah heran an all die internationalen Seglergrößen, den norwegischen Monarchen Olaf, den griechischen Ex-König, der wiederum die Schwester der dänischen Königin geheiratet hatte. Sie alle waren zur Eröffnungsfeier gekommen, die nun nach dem schrecklichen Attentat auf die israelischen Athleten, das am Vortag stattgefunden hatte, unter besonderen Vorzeichen stand. Es galt, das als fröhlich und völkerverbindend gedachte Fest des Sports angemessen beginnen zu lassen und gleichzeitig dem Gedenken und dem Schock über den Angriff auf die olympische Grundidee Raum zu geben. Dies gelang meiner Erinnerung nach eindrucksvoll, weil man unter freiem Himmel mit Blick auf das Meer saß, das seinerseits ein Ort der Hoffnung ist, die dadurch wiederum Oberhand gewann. Jedenfalls prägten die Spiele Kiel wesentlich als einen Ort erstklassiger Sporteinrichtungen und der Standard der Spiele in Kiel

sollte für viele Städte ein Maßstab werden. Heutzutage lassen sich solche Großprojekte sehr viel schwerer durchsetzen – im Falle von Olympia bedauere ich dies. Im Jahr 2003, kurz nach meiner Wahl, stand die von meinem Amtsvorgänger vorbereitete Olympiapräsentation Kiels im Rahmen der Hamburger Bewerbung an. Anlässlich der Sitzung des Olympischen Komitees in München lieferten wir eine großartige Multimedia-Präsentation für die Bewerbung ab. Durch die Entscheidung gegen Hamburg als Hauptaustragungsort bzw. für die neuen Länder kam Kiel aber nicht in die nächste Runde. Mit der Kieler Woche hat Kiel jedes Jahr olympische Formate, aber wenn sich eine Gelegenheit ergibt, zum dritten Mal olympisch zu werden, würde mich dies riesig freuen.

Angelika Volquartz mit Urgroßvater Kühmeyer und Eltern in Berndorf bei Wien, ca. 1950 *(© privat)*

Mutter und Tochter am Rheinfall bei Schaffhausen, 1967

(© privat)

Familientreffen, 1991

(© Cathrin Collath)

Mit Gerhard Stoltenberg, Bundesminister der Verteidigung, und Johann Wadephul, 1991
(© unbekannt)

Mit Angela Merkel im Konrad-Adenauer-Haus, Berlin 2002
(© Laurence Chaperon)

Heiterer Blick nach oben: Mit Guido Westerwelle und Dieter-Thomas Heck, 1997
(© unbekannt)

Im Bundestag mit Bundeskanzler Helmut Kohl und weiteren Bundestagskollegen, 1999
(© Laurence Chaperon)

Die Landesgruppe der schleswig-holsteinischen Bundestagsabgeordneten vor der Reichstagskuppel, Abschiedsfoto vor dem Wechsel nach Kiel als Oberbürgermeisterin, 2003
(© Laurence Chaperon)

Vorbereitung der Wahlkampfkampagne für das Amt der Oberbürgermeisterin, November 2002
(© Ingmar Behrens)

Mit Königin Silvia von Schweden vor dem Kieler Yacht-Club, alter Clympiahafen, 2007. Gemeinsame Aktionen für die »World Childhood Foundation«, ein Herzensanliegen der Königin.
(© Michael August)

Mit Berthold Beitz auf der »boot« in Düsseldorf, 2007.
r.: Werner Dornscheidt, Messe Düsseldorf
(© Kieler Yacht-Club)

Viele Gespräche: Mit Konsul Volkert Knudsen, geschäftsführender Gesellschafter Sartori und Berger, 2009
(© Jan Köhler-Kaeß)

Verabschiedung aus dem Amt als Oberbürgermeisterin im Kieler Ratssaal, 2009. Reden von Bürgermeister Peter Todeskino, Ministerpräsident Peter Harry Carstensen, dem früheren IHK-Präsidenten Fritz Süverkrüp und KYC-Vorsitzenden Henning Winter *(© Jan Köhler-Kaeß)*

Ehrenbürgerin der Christian-Albrechts-Universität: Verleihung der Urkunde durch den Präsidenten Gerhard Fouquet, 2014
(Foto: Christina Kloodt © CAU)

Treffen mit dem zukünftigen Ministerpräsidenten Daniel Günther in der Hermann-Ehlers-Akademie, 2017 *(© Fabian Frühling)*

Mit Enkelkindern am Fuschlsee, 2018
(© privat)

FÜNFTES KAPITEL

Politik ist Kommunikation

Mein erster Arbeitstag als Oberbürgermeisterin *oder* »Frühstück mit den Müllmännern«

Die Sensation war perfekt. Zum ersten Mal seit 1946 gab es ein Stadtoberhaupt, das nicht der SPD angehörte. Zum ersten Mal in der Geschichte Kiels stand eine Frau an der Spitze der Verwaltung. Ich freute mich auf den ersten Arbeitstag und wollte den Erwartungen der Bürgerinnen und Bürger gerecht werden und auch einige Zeichen setzen. Deswegen entschied ich mich dafür, am ersten Arbeitstag vier Schwerpunkte zu setzen, die programmatisch für die Arbeit werden sollten.

Mein Arbeitstag begann um 5.30 Uhr. Erster Programmpunkt war mein Frühstück mit den Müllmännern der Stadt. Ich wollte die Arbeit mit den ersten städtischen Mitarbeitern beginnen, noch dazu mit einer Brigade, die so schwere und wichtige Arbeit verrichtet. Ich holte Croissants und Brötchen beim Bäcker und fuhr zum städtischen Abfallwirtschaftsbetrieb in Wittland. Die Mannschaft hatte für Kaffee gesorgt und so begannen wir den Tag mit Frühstücksgesprächen. Die Freude war riesig, angeblich war nie zuvor ein Oberbürgermeister bei dieser Abteilung gewesen. Ich habe die Begegnung sehr genossen und die Verbindung während meiner Amtszeit und darüber hinaus gehalten. Wir alle können dieser Abteilung bei der Stadt dankbar sein, denn dort wird wichtige Arbeit effizient verrichtet. Bis heute winken die Müllmänner und ich einander zu, wenn wir uns in der Früh treffen.

Auch die nächste Station war bewusst gesetzt: Um 8.00 Uhr ging es in die Schule. Aus der ganzen Stadt hatte ich Unternehmer eingeladen, mit mir eine Hauptschule in Gaarden zu besuchen. So trafen die Schülerinnen und Schüler unter anderem den Besitzer eines Autohauses, einen Werftleiter und andere Geschäftsleute,

die sich wiederum davon überzeugen konnten, dass in der Hauptschule ein guter Unterrichtsstandard gepflegt wurde und es um die Zukunft der Jugend und des Handwerkes gut bestellt war. Auch hier haben die Begegnung und der Dialog beide Seiten überzeugt.
Anschließend haben mir der damalige Hafenchef und der Reeder Volkert Knudsen, der als Agent der großen Kreuzfahrtschiffe fungierte, bei einer Fahrt mit dem städtischen Boot »Sprott« die Herausforderungen des Hafenbetriebes gezeigt und erläutert. So entfaltete sich klar eine Agenda für die nächsten sechs Jahre. Um 14.00 Uhr gab es eine Pressekonferenz im Rathaus und anschließend hatte ich alle Amtsleiter, Abteilungsleiter und Dezernenten der Stadt auf den Balkon im Rathaus eingeladen. Zum Glück war das Wetter gut, denn der Balkon war voll, und es war schön, all die Menschen, mit denen ich die nächsten Jahre eng zusammenarbeiten sollte, besser kennenzulernen. Danach begann die Arbeit mit meinem neuen Büroteam, das mich durch Dick und Dünn begleiten sollte.
Der Anfang war damit gemacht und dieser erste Arbeitstag war mir Programm: Ich wollte gerne mit den Menschen der Stadt arbeiten, den Dialog innerhalb der Stadt fördern, die Infrastruktur verbessern und ich wollte dies in Respekt und Vertrauen mit meinem engeren und weiteren Kreis der Mitarbeiterinnen und Mitarbeiter leben. Der Anfang war geglückt.

Schwarz-grün im Rat *oder* »Auf die menschliche Verbindung kommt es an«

Um die Menschen der Stadt ging es mir immer, aber nicht immer um die Linie der Partei. Wahrscheinlich hat die erste schwarz-grüne

Koalition außerhalb Freiburgs deswegen so gut funktioniert. Damals war schwarz-grün ein Modell, das abseits der Sondersituation in Freiburg vollkommen unerprobt war. Doch wir hatten mit 44,7 % einen klaren Auftrag durch die Wählerinnen und Wähler erhalten. Die CDU bildete die stärkste Fraktion im Rat, die Grünen kamen auf 14,1 %. Zum ersten Mal nach 56 Jahren stellte die CDU die direkt gewählte Oberbürgermeisterin, die erste Frau an der Spitze Kiels. Die SPD war schockiert vom Verlust der Wahl. Und dennoch gab es bei der CDU und den Grünen, in beiden Parteien, massive Vorbehalte, dass man zugunsten des Koalitionspartners wesentliche Haltungen aufgeben müsste. All die Gespräche, die erforderlich waren, um diese Positionen abzuklären, waren jedoch Erfolg versprechend und von Erfolg gekrönt, weil das menschliche Klima gepasst hat. Mit Vizeadmiral a. D. Hein Weyher und Lutz Oschmann hatte ich zwei Verhandlungspartner bei der CDU und den Grünen, die mir auf Augenhöhe und mit Leidenschaft für das gemeinsame Projekt »Schwarz-Grün« in Kiel begegnet sind. Und so gelang es, sogar unüberbrückbar scheinende Auffassungsunterschiede in Einklang zu bringen.

Gleichzeitig gab es des Öfteren schwierige Situationen, in denen ich mich so manches Mal gegen meine eigene Partei verhalten habe. Das nahmen mir einige Leute damals übel, aber als Oberbürgermeisterin fühlte ich mich den Bürgerinnen und Bürgern und nicht unbedingt der Partei verpflichtet. Im Fall des Flughafenausbaus kam es zum offenen Konflikt, die CDU und die Unternehmer waren dafür, die Grünen und die SPD dagegen. Als Verwaltungschefin habe ich vor Ort Bürgergespräche einberufen und Vergleichsdaten erhoben. Welcher Flughafen in einer vergleichbaren Stadt ist lukrativ, mit welchen Zuschüssen muss man rechnen? Es zeichnete sich ab, dass meine Vermutungen richtig waren. Das Potenzial für Linienverkehr war überschaubar, zusätzliche Kapazitäten wären nur über Charterangebote machbar gewesen, die wiederum einen teuren Ausbau und mittelfristige Anschubfinanzierungen erfordert hätten. Dazu kam, dass für die Grünen eine Entscheidung für den Ausbau zum Bruch der Koalition hätte führen können. Warum also sollte ich gegen die ökonomische und ökologische Vernunft entscheiden? Das Land kam mir zu Hilfe und lehnte einen Ausbau ab. Schweren Herzens unterstützte die CDU im Rat der Stadt meinen Verwaltungsvorschlag. Der Flughafen wurde nicht ausgebaut. Wenn ich heute nach Lübeck blicke, wo die ohnehin schon überschuldete Stadt jedes Jahr Millionen in den defizitären Flughafen pumpt, glaube ich, dass die Entscheidung richtig war.

Eine andere Schwerpunktsetzung, die uns gemeinsam, am Herzen lag, war die Vereinbarkeit von Familie und Beruf. Als eine Priorität entwickelte sich der konsequente Ausbau der Plätze in den Kindertagesstätten. Dort konnten wir mit Mitteln des Bundes die Auslastung der Plätze für Kinder unter drei Jahren wesentlich steigern und kamen auf 95 % Auslastung.

Ebenso ließen sich mit den Grünen als Koalitionspartnern auch wirtschaftsaffine Themen durchsetzen. So gelang die Ansiedlung eines neuen Lokomotivwerkes der Firma Voith, die massiv in Arbeitsplätze und Technologie investierte. Außerdem konnten wir mit der Christian-Albrechts-Universität den Wissenschaftspark der Stadt Kiel einrichten, der Ausgründungen erleichterte und Start-Up-Firmen eine Heimat gab. Die Strategie dabei war es eben auch, Talente nach dem Studium im Land zu halten.

Lutz Oschmann und ich hatten ja auch eine Art gemeinsamer Trainingsphase durchlaufen, denn im Wahlkampf waren wir beide die Spitzenkandidaten unserer Parteien für die Position des Oberbür-

germeisters. So begegneten wir uns mehrfach die Woche auf den diversen Wahlkampfpodien und schon dort hatte sich verblüffende Übereinstimmung in zentralen Themen herauskristallisiert. Diesen Gesprächsfaden nahmen wir nach der Wahl wieder auf. Und die Grünen hatten mich ja im Wahlkampf quasi unterstützt. Nach dem ersten Wahlgang fehlten mir nur 70 Stimmen und es kam zur Stichwahl zwischen dem SPD-Kandidaten und mir. Die Grünen gaben gegen die übliche Erwartung keine Wahlempfehlung für meinen Gegenkandidaten ab, und im zweiten Wahlgang wurde ich dann – wohl auch mit einigen grünen Stimmen – klar gewählt.
Entscheidend ist, dass es uns gelang, wichtige Themen für die Stadt voranzubringen, und dies in einem fairen Gesprächsklima geschah. Es kam schon einmal vor, dass uns die Köpfe rauchten, aber wir wollten aufrichtig bleiben, vor den Kielerinnen und Kielern, voreinander und vor uns selbst. So bemühten wir uns um konstruktive Entscheidungen und zum Glück kam auch der Humor nicht zu kurz. Die Welt besteht ja ohnehin nicht nur aus Schwarz und Weiß und so gab es durchaus interessante Ansätze des Crossover: Mein Enkelsohn interviewte mich eines Tages, warum ich eigentlich nicht für die Grünen angetreten sei, und Lutz Oschmann gestand mir in einem stillen Moment, dass seine Mutter eine glühende Anhängerin von Angela Merkel sei. Schwarz-grün hat sich für uns jedenfalls bewährt und ich hätte es mir auch schon des Öfteren auf anderen Ebenen vorstellen können.

Goldene Berge *oder* »Cross-Border-Leasing – nein danke in Kiel«

Goldgräberstimmung machte sich breit in den deutschen Kommunen, als immer mehr Angebote für Cross-Border-Leasing

und Fremdwährungs- und Swap-Deals auf den Schreibtischen der Amtschefs landeten. Die Stadtwerke Kiel waren damals schon teilprivatisiert, und unser privater Partner, ein britisches Unternehmen, das einen Anteil von 51 % am Unternehmen hatte, musste seinen Anteil veräußern. So flatterten uns jede Menge mehr oder weniger seriöse Angebote auf den Tisch. Mein Amtsvorgänger Norbert Gansel hatte mich von Anfang an in die Gespräche mit eingebunden und mir mit auf den Weg gegeben, dass dies ein schweres Erbe sei. Strom und Wasser gehören meines Erachtens zu den Grundbedürfnissen einer Gesellschaft und sollten deswegen auch eine öffentliche Aufgabe sein.
Speziell ein Unternehmen versprach uns auf der Basis eines Cross-Border-Leasing-Modells »goldene Berge«. Ich wollte das auf keinen Fall und so haben wir uns dann für einen Partner aus Deutschland entschieden, der mit Minderheitsbeteiligungen Erfahrungen hatte und außerdem zusagte, dass jedes Jahr ein bestimmter Anteil des Gewinns an Einrichtungen vor Ort fließt, wie zum Beispiel soziale Projekte oder Sportvereine.
Nur zwei Jahre danach platzte die Illusion der Cross-Border-Geschäfte und ich war und bin froh, dass Kiel nicht zu den Kommunen gehört, die hart an den Schulden aus derartigen Geschäften tragen. Unsere Stadtwerke sind unsere Stadtwerke geblieben, garantieren eine solide Versorgung und tragen mit Projekten wie »Kiel Sailing City« maßgeblich zum Image der Stadt bei.

Der Personalrat und ich *oder* »Respekt und Veränderung«

Die bürgerliche Oberbürgermeisterin und der klassen-kämpferische Personalrat: Es schien, als seien die Rollen von Anfang an klar verteilt, als ich mein Amt als Oberbürgermeisterin antrat. Aber so einfach war es nicht. Jedenfalls wollte ich gerne eine gute Chefin sein, und mit fast 5000 Mitarbeiterinnen und Mitarbeitern ist die Stadt ein beachtliches Unternehmen. Erfolg oder Misserfolg eines Unternehmens haben ganz maßgeblich mit der Motivation des Personals zu tun und mir war bewusst, dass da nahezu 5000 Menschen und ihre Familien Erwartungen an die neue Chefin hatten. Der öffentliche Dienst in Deutschland hat ja wie alle Lebensbereiche diverse Phasen der Effizienzsteigerung und Digitalisierung durchlaufen, und entsprechende Herausforderungen standen auch in der Stadt Kiel an. Meine Strategie für die Führung habe ich im Wesentlichen aus der Tätigkeit als Rektorin im Schuldienst übernommen. An erster Stelle steht der Respekt vor den Kolleginnen und Kollegen und das Bewusstsein für das Miteinander. Auf der Basis kann man dann die Anforderungen des Alltags angehen. So bin ich auch meine Gespräche mit dem Personalrat angegangen, der als sehr mächtig innerhalb der Stadtverwaltung galt und traditionell nicht aus CDU-Anhängern bestand. Am Anfang gab es durchaus Misstrauen mir gegenüber, wirkte doch der Schock darüber, dass die SPD den Chefsessel im Rathaus eingebüßt hatte, deutlich nach.

Umso schöner war es, dass die Mitglieder des Personalrats und ich schon bald erkannten, dass im Dialog vieles möglich ist. Meine Offenheit kam an, ich bin gerne in die Gespräche mit den Personalvertretern gegangen und auch zu fast jeder Personalversammlung. Das kannte man so nicht von meinen Vorgängern.

Natürlich gab es auch mal Konflikte, insbesondere als es darum ging, bestimmte Strukturen an die Gegenwart anzupassen. Mehr als früher sollte die Stadtverwaltung sich ja als bürgerorientierter Servicebetrieb aufstellen und die Auswirkungen und die Umsetzung der Verwaltungsstrukturreform hat uns fast meine ganze Amtszeit gefordert. Eines Tages gab es dann eine Sitzung der Ratsversammlung, bei der einige auf der Tribüne versuchten, mit Transparenten zu stören. Da bin ich dann so deutlich geworden, wie es in der Schule früher auch ab und zu sein musste. Das wurde dann respektiert. Meine Devise war immer, so etwas im unmittelbaren Gespräch zu klären, und deswegen bin ich immer wieder in große und kleine Runden gegangen, habe für die neuen Strukturen geworben und versucht, Ängste abzubauen. Als es darum ging, 150 Abordnungen für die neugegründete Arbeitsagentur zu bestimmen, verlief das Gespräch sehr zäh, bis ich mich vor die Kolleginnen und Kollegen stellte und sagte: »Ich bin in meinem Leben so oft ins kalte Wasser gesprungen und immer wurde es warm. Springen Sie, bitte.« In dieser Atmosphäre des gegenseitigen Respekts war Veränderung möglich. Bei meinem Ausscheiden tat es mir besonders leid, dass diese guten Gespräche, in denen sogar Humor bei aller Ernsthaftigkeit seinen Platz hatte, nun nicht mehr stattfinden würden. Umso mehr hat mir die sehr herzliche Verabschiedung der Kolleginnen und Kollegen des Personalrats bedeutet. Wer hätte am Anfang gedacht, dass am Ende Tränen fließen würden?

Mein OB-Team und das geheime Telefon *oder* »Grüße an die Nebenstelle«

Die Gemeinschaft bei uns im Oberbürgermeisterinnenbüro war aufeinander eingeschworen, jeder kannte seine Aufgaben genau und wie an Bord eines Schiffes waren die täglichen Abläufe bestens aufeinander eingespielt. Wir waren ein aus sieben Menschen bestehendes Team und trafen uns jeden Morgen zu einer Lagebesprechung, um die Agenden des Tages zu besprechen und auch mittelfristig zu planen. Einzelne Themen wurden durchaus länger diskutiert oder in eigenen Terminen gesondert geklärt. Doch auch hier geschah es oft genug, dass wir zu der Einsicht kamen, dass über den Konferenztisch hinaus recherchiert werden musste, um alle Fakten zu kennen. Oft genug sagte meine Chefsekretärin dann: »Das ist ein Fall für die Nebenstelle.« Dahinter verbarg sich … mein Mann Klaus. Er war schon in Pension zu der Zeit, kannte den politischen Betrieb und seine Usancen genau und war als Historiker gewohnt, gut zu recherchieren. Oft gelang es ihm die Anfragen innerhalb kürzester Zeit aus seiner Bibliothek zu erfüllen, was dann dazu führte, dass mein Team ihn oft auch anrief, ohne es mit mir abzusprechen: ein wandelndes Lexikon der Landesgeschichte und -politik. Nach mehreren Jahrzehnten als Ghostwriter für Landtagspräsidenten war er auch meinen Reden gegenüber immer besonders kritisch, wovon ich natürlich auch profitierte. Mit dem Büroteam haben wir bis heute guten Kontakt und, wenn ich zum Beispiel Geburtstagsglückwünsche erhalte, steht meist als PS dabei: »Liebe Grüße an die Nebenstelle!«

Ole von Beust *oder* »Hanseatische Solidarität im Nord-Netzwerk«

Ein politisches Leben ist nicht möglich ohne Partner, mit denen man partnerschaftlich etwas für die Menschen bewegen kann. Eine dieser Persönlichkeiten, denen ich in einem solchen Netz-

werk verbunden war, ist Ole von Beust. Er ist ein Gentleman vom Scheitel bis zur Sohle und wir kannten uns aus dem Bundesvorstand der Partei, bevor er Erster Bürgermeister des Stadtstaates Hamburg wurde und einen großartigen Sieg für die CDU einfuhr. Als ich dann in Kiel gewählt wurde, meldete er sich sofort und sagte zu, die nächste Kieler Woche zu eröffnen. Gesagt, getan. Als Ole von Beust, der als Erster Bürgermeister Hamburgs einiges gewohnt war, dann mit mir auf dem Balkon des Rathauses stand und ihm 20 000 Kielerinnen und Kieler zujubelten, war er schwer beeindruckt von der Begeisterungsfähigkeit der Menschen für das Segelevent Kieler Woche.
Innerhalb unseres Nord-Netzwerkes, das wir bei dieser Gelegenheit begründeten, haben wir zwei gemeinsame Asien-Reisen mit Wirtschaftsdelegationen unternommen, die dazu beigetragen haben, menschlichen Austausch und Geschäftskontakte zu intensivieren. Deutschland und China sind auf vielen Ebenen miteinander verbunden. Eine mittlere chinesische Stadt besteht allerdings aus acht bis zwölf Millionen Einwohnern. Auch insofern hat es Sinn ergeben, dass Hamburg und Kiel sich hier zusammengetan haben, und obwohl Hamburg wesentlich bekannter und größer ist, hat Ole von Beust die Delegation aus Kiel sehr selbstverständlich mit einbezogen, ist in den Arbeitsgesprächen immer mit mir aufgetreten und hat uns viele Türen geöffnet. Auf einer dieser Reisen wurde gemeinsam mit unserem Hafenchef Dirk Claus der Kontakt zu Qingdao Sailing City verstärkt, und bis heute gibt es hier regen Austausch zwischen Qingdao und Kiel, und die Segelpassion Kiels ist bis nach China spürbar geworden. Die Hamburger Stadtpolitik war nie ein einfaches Pflaster, und ich habe Ole von Beust in allen Phasen seiner Amtszeit für seine Geradlinigkeit bewundert.

Solidarität über Parteigrenzen *oder* »Damenprogramm für die Herren«

Mit Heide Simonis als Ministerpräsidentin und mir als Oberbürgermeisterin gab es damals eine in Deutschland einzigartige Situation. An der Spitze des Landes und der Landeshauptstadt standen erstmals zwei Frauen. Von den Farben der Parteibücher her hätten wir eigentlich Antagonistinnen sein müssen. Aber Heide Simonis rief mich gleich nach meiner Wahl an, gratulierte mir herzlich und schlug vor, dass wir uns treffen, um zu besprechen, was wir in Stadt und Land gemeinsam bewegen können. Dies überraschte mich und ich war gespannt. Jedenfalls war die Einladung zum konstruktiven Gespräch untypisch in der politischen Landschaft, wurde rundherum mit Erstaunen aufgenommen und war sofort medialer Beobachtung ausgesetzt.
Wir hatten uns beide gegen eine Reihe von Männern in unseren Parteien durchsetzen müssen, in unseren Begegnungen hatten wir uns bisher immer gut verstanden, vielleicht auch aus Solidarität unter Frauen. So war es auch nun. Heide Simonis empfing mich herzlich und forderte mich auf, dass wir solidarisch jenseits aller Parteigrenzen denken sollten, um dann gemeinsam zu besprechen, in welchen Themenfeldern die Stadt Kiel und das Land Schleswig-Holstein gemeinsam klug handeln könnten, um Akzente zum Wohle der Menschen zu setzen. Dieser Anregung folgte ich gerne und wir haben den Arbeitsprozess sofort begonnen.
Das war ein Gespräch auf Augenhöhe und ohne Scheuklappen, von Mensch zu Mensch. Die Journalisten, die vor der Tür gewartet hatten, waren platt vor Erstaunen, dass wir beide uns so viel zu sagen hatten und über die Parteigrenzen hinweg zusammenarbeiten wollten. So geschah es denn auch, und wir haben

während unserer gemeinsamen Zeit im Amt engen Kontakt gehalten und sind uns mit großer Wertschätzung begegnet. Dieses Vertrauensverhältnis war auch noch in anderer Hinsicht bemerkenswert. Wo zwei »First Ladies« sind, gibt es auch zwei »First Husbands«. Dieser ungewöhnlichen protokollarischen Situation begegneten Udo Simonis und Klaus mit viel Feingefühl und Humor. Unsere beiden Ehegatten verstanden sich zum Glück prächtig, ertrugen so manchen Festakt mit Gleichmut, amüsierten sich über das ihnen zugedachte »Damenprogramm« und schufen sich oft genug ihr eigenes »Herrenprogramm«, in dem sie gerne historische und literarische Fachgespräche führten. Zu zweit hatten sie es jedenfalls viel besser als allein.
Diese Freundschaft hielt erfreulicherweise über unsere Amtszeiten hinaus und so trafen wir uns des Öfteren zu viert. Aus der Wertschätzung ist eine Freundschaft gewachsen, erst nach langen Jahren gingen wir zum persönlichen »Du« über und gaben das distanzierte »Sie« auf.

Das beredte Schweigen *oder* »Wer Parteifreunde hat, braucht keine Feinde mehr«

Diese Sentenz ist wahrer, als man denkt, und jede und jeder, die sich politisch engagieren, werden dies schon festgestellt haben. Interessant war jedenfalls, dass sich immer, wenn ich mich als einzige Kandidatin und Frau für eine Position beworben habe, ein Mann als Gegenkandidat ins Spiel gebracht hat. Soll ich dies weiter ausführen? Ich glaube nicht, ich bevorzuge das beredte Schweigen, möchte ehemalige Rivalen nicht verewigen und überlasse den Rest der Fantasie meiner Leserinnen und Leser.

Peter Harry Carstensen *oder* »MP mit Herz«

Peter Harry Carstensen war ein unerwarteter Weggefährte, ein Ministerpräsident, mit dem niemand gerechnet hätte und der sich in seiner Herzlichkeit und Zugewandtheit den Menschen gegenüber als ein Landesvater vom besten Schlag erwies. Wir kannten uns schon lange durch die gemeinsame Arbeit in der CDU in Schleswig-Holstein, vor allem durch die fünf gemeinsamen Jahre als Abgeordnete im Bundestag. Wir waren Mitglieder der gleichen Landesgruppe mit insgesamt nur neun Abgeordneten aus Schleswig-Holstein, sieben Männer und zwei Frauen, und es ergab sich eine sehr enge und auch kameradschaftliche Ebene der Zusammenarbeit, durch die wir uns sehr gut kennen lernten und in der wir auch die jeweiligen Stärken und Schwächen nicht voreinander versteckten, sondern uns gegenseitig unterstützten.
Peter Harry war derjenige, der stets für Munterkeit in unserer Gruppe gesorgt hat. Immer wenn es zu den Fraktionssitzungen ging, waren die Aufzüge übervoll und man stand – wie die Heringe in der Dose – nah aneinander gepresst: Heiß war es auch, und während der Fahrt rief er dann gerne so etwas wie »Angelika, nimm die Hand da weg!« Der ganze Fahrstuhl bog sich vor Lachen. Peter Harry ist bekanntlich ein Riese, dagegen bin ich ein Zwerg, und wenn wir uns trafen und uns zur Begrüßung auf die Wangen küssten, hatte er regelmäßig Sprüche parat wie »Jetzt kann ich meine Anzugjacke zur Reinigung bringen. Du reichst mir ja nur bis zum Revers, jetzt habe ich da dein ganzes Make-Up drauf!«
Nachdem mich die Landesgruppe nach fünf Jahren heiter zum Job als Oberbürgermeisterin Kiel verabschiedet hatte, durfte ich etwas unerwartet zwei Jahre danach Peter Harry Carstensen in Kiel willkommen heißen. Er war Spitzenkandidat der

CDU für den Landtag und damit auch potenzieller Ministerpräsident. Die CDU wurde tatsächlich stärkste Fraktion im Landtag, aber die SPD und die Grünen hatten sich mit dem SSW für eine Dreierkoalition verabredet, um weiter regieren zu können und damit schienen die Zeichen für die CDU auf Opposition zu stehen.
Tatsächlich folgte in der konstituierenden Sitzung des Landtags dann ein bundesweit aufsehenerregendes Drama in fünf Akten. Dreimal wurde Heide Simonis von ihrer eigenen Fraktion oder den Koalitionsfraktionen nicht zur Ministerpräsidentin gewählt. Offensichtlich verweigerte ihr ein Abgeordneter die entscheidende Stimme, gab sich aber nicht zu erkennen. Nach Appellen an alle Beteiligten und einer Sitzungsunterbrechung trat sie ein viertes Mal an und erneut erhielt sie nicht die erforderliche Mehrheit. Ich bedauere bis heute, dass diese so integre Kollegin unter so unwürdigen Umständen ihre Karriere aufgeben musste. Die Koalition war damit auch geplatzt.
CDU und SPD näherten sich in der Folge an und verabredeten eine große Koalition der Vernunft. Diese Gelegenheit ergriff Peter Harry Carstensen dann beim Schopf und wurde Ministerpräsident. Mit ihm ergab sich eine wunderbare Basis der Zusammenarbeit und der kurzen Wege, denn wir kannten uns gut genug, um uns spontan gegenseitig anzurufen und über Themen auszutauschen. Peter Harry kann aufbrausend sein, ist aber auch hart im Nehmen, und so haben wir uns auch ab und zu angebrüllt, was aber am nächsten Tag schnell vergessen war. Mit ihm war jedes Gespräch immer ein Ringen um die beste Sache und einige wichtige Projekte für Stadt und Land wie das Strahlentherapiezentrum, das Ostseeterminal oder den Wissenschaftspark konnten wir so gemeinsam auf den Weg brin-

gen. Er hat bis heute das Herz am rechten Fleck und ich liebe ihn für seine Geradlinigkeit und seinen Humor.

In Führung gehen für Kiel *oder* »Macht ermächtigt zur Verantwortung«

Macht ist verführerisch. Im politischen Betrieb ermächtigt Macht mich, zu gestalten, Entscheidungen zu treffen und die Welt, jedenfalls in einem Teilbereich, zu verändern. Insofern ist Macht wichtig. Ebenso wichtig ist es, zu verstehen, dass die demokratische Ermächtigung einen Auftrag der Wählerinnen und Wähler und die Verantwortung, in diesem Sinne zu handeln, mit sich bringt. Dazu gehört auch die Einsicht, dass man seine Macht nie missbrauchen darf. Führungsvermögen vermittelt mir ebenfalls Macht. Die Macht als solche, als Lust am Spiel der Macht, habe ich nie gebraucht, darin lag für mich kein Reiz. Aber Macht im Sinne der Ermächtigung zu handeln ist die Voraussetzung, um führen zu können und Entscheidungen durchzusetzen. Dies kann ich an zwei Beispielen belegen. Ein zentrales Thema während meiner Amtszeit als Oberbürgermeisterin war die Flughafen-Diskussion. Dabei ging es darum, entweder den Flughafen wesentlich auszubauen oder nur die Anbindung an den Hamburger Flughafen zu verbessern. Ich hatte eine Meinung, aber nicht die Macht, alleine zu entscheiden. Deswegen wollte ich in Dialog mit den Bürgerinnen und Bürgern treten und meine Meinung überprüfen. Wir haben Fakten gesammelt, emotionale Plädoyers aufgenommen, alle Interessensgruppen beteiligt. Nach diesem Prozess hatte ich die Macht, einen konkreten Vorschlag zu machen, dem die Mehrheit folgte.

Ein weiteres Beispiel ist die Gründung des neuen Strahlentherapiezentrums in Kiel. Die Möglichkeit, dieses Institut an die Uniklinik in Kiel zu holen und gemeinsam mit Siemens aufzubauen, ergab sich plötzlich und unvorhergesehen. Schleswig-Holstein war als Standort ins Auge gefasst, außer Kiel war Lübeck eine reale Möglichkeit. So ergab sich ein offenes Fenster für diese Entscheidung, ein Zeitfenster, das für einige Monate geöffnet war und sich dann wieder schließen würde. Ich war sofort davon überzeugt, denn mir war klar, dass diese besondere Strahlentherapie für viele sehr kranke Menschen in der Zukunft die Rettung bedeuten könnte, und mir lag es am Herzen, dieses Angebot in Kiel anzusiedeln, das damit seinen Ruf als das Zentrum der medizinischen Versorgung in Schleswig-Holstein ausbauen konnte. In den Monaten dieses geöffneten Fensters galt es, das Für und Wider abzuklären, im Falle der Zustimmung ein Grundstück zu bestimmen, die Einwilligung der Nachbarn einzuholen, die Wegeanbindung an die Uniklinik zu klären und die Unterstützung des Landes zu gewinnen. Alle Abwägungen mündeten in Empfehlungen, das Grundstück erwies sich als ideal, die Mediziner, die Nachbarn und Peter Harry Carstensen zogen mit und so konnte ich mich leicht dafür entscheiden, in Führung gehen und das Fenster der Gestaltung nutzen. In beiden Fällen hatte ich die Macht, zu entscheiden, habe diese Macht aber nie einsam genutzt, sondern im Dialog, so wie es im griechischen Konzept der »polis« vorgesehen ist. Macht, Dialog und Verantwortung bilden in diesem Sinn eine untrennbare Trias.

Mein Einsatz bei der Marine *oder* »Wenn Du es nicht erfühlst, du wirst es nicht erjagen«

Während meiner Zeit als Abgeordnete im Bundestag wurde sehr intensiv über die Reform der Bundeswehr diskutiert. Ich habe immer die Haltung vertreten, dass man nur über Angelegenheiten entscheiden sollte, von denen man etwas versteht. Von der Bundeswehr wusste ich aber nicht genug, so mein Eindruck. Mein Ehemann war immerhin Oberst der Reserve und ich hatte über seine Erfahrungen und Erzählungen einen guten und sicher überdurchschnittlichen Einblick in die Entwicklungen unserer Streitkräfte bekommen, dennoch waren es Eindrücke aus zweiter Hand.

Frei nach Goethes Zitat aus dem »Faust I« in der Überschrift dieses Kapitels wollte ich gerne den Arbeitsalltag der Soldatinnen und Soldaten aus erster Hand erleben und fragte an, ob und wie das möglich sei. Nach einigem Hin und Her wurde mir angeboten, als Gast im Rang eines Oberleutnants an einer 14-tägigen Wehrübung teilzunehmen. Ich hatte zwar lieber als einfache Soldatin antreten wollen, aber mir wurde signalisiert, dass das nicht möglich sei. Trotzdem sollte das Ganze kein Frühlingsspaziergang werden, wurde mir zugesichert. Und so bekam ich eines Tages meinen Einberufungsbescheid zur Marine und rückte mit einer Gruppe anderer pünktlich in die Marineschule Flensburg/Mürwik ein. Es gab einen regulären Gesundheitscheck, wie er bei der Bundeswehr üblich ist, Zuweisung der Mannschaftszimmer und gemeinsame Mahlzeiten im Casino. Als einzige weibliche Abgeordnete in meiner Einheit hatte ich einen Exotenstatus. Das frühe Aufstehen war ich aus dem Schulbetrieb gewöhnt. Es war faszinierend, einerseits die Strukturen der Streitkräfte und andererseits die Denkweise der einzelnen Soldaten in Gesprächen kennenzulernen. Jedem von uns wurde jeden Tag eine eigene Aufgabe zugewiesen und so konnten wir wirklich erleben, was es heißt, Strategien der Landesverteidigung durchzudenken und auch durchzuspielen. Die Übung führte mich auf eine Fregatte, einen Minensucher und ein Schnellboot. Die grauen Boote glitten im Morgengrauen aus dem Hafen und für jeden Tag war eine eigene Aufgabe und auch Route festgelegt. Mit der Fregatte übten wir, auf hoher See das Schiff von einem anderen Schiff zu betanken. Auf dem Minensucher war ich am liebsten im Maschinenraum bei den Soldaten, einem einschüchternden, aber auch faszinierenden Arbeitsplatz. Bei all dem trug ich mein Geheimnis mit mir herum: die Tatsache, dass ich nicht besonders seefest bin. Das wollte ich natürlich nicht so gerne zugeben und durch die Konzentration auf die zugeteilten Aufgaben gelang es mir auch gut, meine Seekrankheit auszutricksen.

Ein besonders faszinierender Tag war der mehrtägige Ausflug von Eckernförde nach Rostock und Warnemünde mit dem Schnellboot, dessen Leistungsfähigkeit mir anschaulich vor Augen geführt wurde. Gleichzeitig wurde mir klar, dass die Marine immer nur so gut sein kann wie das Material, das man ihr zur Verfügung stellt. In meiner Einheit herrschte ein menschliches Miteinander, eine gute Mischung aus Disziplin und Kameradschaftlichkeit, professioneller Konzentration und Menschlichkeit. Das beeindruckte mich und prägte fortan mein Bild von der Bundeswehr, das ich vorher so nicht hatte. Die Offiziere bestätigten mir auf der Fahrt auch, dass Charakterbildung in den Streitkräften zu den allerersten Aufgaben gehört.

Am nächsten Tag stand ein Flug mit der Transall, dem größten Transportflugzeug der Bundeswehr auf dem Programm: Schon bei der Annäherung an das Flugzeug auf dem Rollfeld wurden mir die enormen Dimensionen dieses Fluggerätes klar, das mühelos Luftlandepanzer und andere Fahrzeuge in seinem Bauch aufnehmen kann. Wir saßen mitten im riesigen Laderaum auf dort befestigten Sitzen und ich kam mit einem der Soldaten ins Gespräch, der wiederum Sorgen über die Zukunft der Bundeswehr äußerte. Die Anerkennung in der Bevölkerung schien seiner Meinung nach zu sinken und er hatte den Eindruck, dass es nicht gelang, die Bundeswehr als attraktiven Arbeitgeber zu präsentieren. Das erschien mir ein wichtiger Punkt und ein politischer Auftrag, denn die Bundeswehr kann und soll ja – unabhängig von ihrer Organisation als Berufsarmee oder Reservistenarmee – eng mit der Bevölkerung, deren Schutz sie gewährleisten soll, verbunden sein. Ähnlich hatte es auch Admiral Böhmer beschrieben, der mich als Erster in Richtung Bundeswehr motiviert hatte: Anlässlich einer Schiffstaufe eines U-Bootes, das in Kiel gebaut worden war, lud er mich ein und zweifelte wohl, das ich seiner Einladung folgen würde. Nach Gesundheitscheck und Einweisung bestiegen wir das enge U-Boot, der Deckel klappte zu und das Boot tauchte ab. Ich fühlte mich wie in Jules Vernes Roman »20 000 Meilen unter dem Meer«. Diese Mutprobe hatte ich also schon bestanden und auch die Zeit der Wehrübung verging nicht nur in der Transall wie im Flug. Am Abend vor meiner Entlassung bzw. dem Ausklang der Wehrübung machten wir eine Erkundungsfahrt mit dem Minensucher in Richtung Dänemark. Die Ostsee lag spiegelglatt vor uns, die Sonne ging langsam unter. An diesem Abend gerieten der Kommandant, mein Kontaktoffizier und ich in ein intensives Gespräch über die Zukunft der Bundeswehr, über Herausforderungen und Notwendigkeiten. Meine Verbindung zur Marine war seitdem immer besonders herzlich und im Bundestag konnte ich aus Erfahrung entscheiden und sprechen.

Das Grünkohlessen und die Kleingärtner *oder* »Schnaps unter dem Stuhl«

Grünkohlessen hat Tradition in Schleswig-Holstein, sei es bei den Parteien, aber auch beim Unternehmensverband und den meisten Sportvereinen gibt es jedes Jahr Einladungen zum Grünkohlessen. Auch als CDU-Kreisvorsitzende habe ich diese Tradition gepflegt oder bin Einladungen der Jungen Union zu diesem Anlass gefolgt. Eigentlich haben sich diese geselligen Gelegenheiten, sich miteinander auszutauschen und einfach, aber gut zu essen (und viel zu trinken), mehr oder weniger den gesamten Winter hingezogen. Da ging es gerne feucht-fröhlich zu, und dass das so sein soll, war mir schon klar, aber es widersprach doch meinem eigenen Gebot, ohne Alkohol im Dienst unterwegs zu sein. Also versuchte ich, unauffällig um die Schnapsrunden, die sich kaskadenförmig aneinander reihten, herumzukommen. Als Frau hat man da mehr Schonung als die Männer, aber an einem der Abende sollte ich unbedingt mitmachen, also willigte ich ein. Nun hatte das Lokal einen offenporigen Holzboden und so hieß es »Hoch die Tassen! Und Prost!«. Da machte ich lauthals mit und dann bekam der Holzboden seinen Teil, denn den Schnaps habe ich neben mich unter den Tisch gegossen. So habe ich den Abend bestens überlebt, und so manchen anderen Abend ging es in Zukunft ähnlich zu. Alle diese Termine des geselligen Beisammenseins habe ich übrigens mit echter Freude an den immer überraschenden und bereichernden Begegnungen gemacht. Ich bin überzeugt davon, dass uns nur gelingt, was wir mit Freude machen. Und so bin ich mit Vorfreude zu all diesen Repräsentationsterminen, die natürlich immer ähnlich verlaufen sind, hingegangen, denn nur wenn ich Freude habe, kann ich sie auch verbreiten.

Eine der schönsten Grünkohlveranstaltungen war stets bei den Kleingärtnern. Dort ging es immer außergewöhnlich fröhlich zu und ich war seit meiner Kindheit vertraut mit den Kleingartenvereinen. Mein Großvater in Berlin war ein leidenschaftlicher Kleingärtner und auch Obmann der Kolonie »Heimat« dort gewesen. Damals hatte er dort regelmäßig Feste für Kinder veranstaltet, mit viel Fantasie, Spielen und Luftballons und ich erinnere mich gerne an die leuchtenden Augen der Kinder und auch meine eigene unbeschwerte Begeisterung. Damals hatte ich dort auch erlebt, dass der damalige Erste Bürgermeister Berlins und andere Politiker in die Schrebergartenkolonien kamen. Insofern lag es für mich nah, diese Tradition in Kiel fortzusetzen. Aufgrund seines Engagements wurde in der Kolonie »Heimat« einer der Wege nach meinem Großvater Fritz Dornbusch benannt, und umso größer waren meine eigene Euphorie und Rührung, als mir in der Kleingartensiedlung in Elmschenhagen die gleiche Ehre zuteil wurde. Dort gibt es bis heute den »Angelika-Volquartz-Weg«. Ein paar Jahre danach wurde auch Klaus, der mich treu zu den Sitzungen begleitet hatte, so ausgezeichnet, und wir sind beide froh und stolz, dort verewigt zu sein. Die Siedlungen sind grüne Oasen, und die Sehnsucht nach der frischen Luft und den eigenen Quadratmetern im Garten vereint einen bunten und sympathischen Querschnitt der Bevölkerung. Es lebe der Grünkohl, der die Menschen so zusammenbringen kann.

SECHSTES KAPITEL

Außerhalb des Protokolls

Helmut Kohl *oder* »Der Architekt der europäischen Union und die Tulpe«

Mit Helmut Kohl verbindet mich eine Reihe von Gesprächen, die ich als prägend in Erinnerung habe. Im Jahr 1998 wurde ich in den Bundestag gewählt, neun Jahre nach dem Fall der Mauer und 16 Jahre nach dem Amtsantritt Helmut Kohls als Bundeskanzler. Mit dieser Wahl verschoben sich die Kräfte und Helmut Kohl wurde abgewählt, blieb aber eine gewichtige Stimme unserer Fraktion und in der Opposition.

Innerhalb der Fraktion gab es keine festgelegte Sitzordnung im Plenarsaal, aber Helmut Kohl hatte seinen festen Platz. Jenseits der Sitzungen bzw. an deren Rande ergab es sich ab und zu, dass wir ein paar Worte wechselten, sodass er die neue Abgeordnete aus Kiel bald persönlich kannte. In Fraktionsangelegenheiten war mir sein Rat immer wichtig und es war Usus, dass man sich zu solchen Gesprächen bei ihm an seinem Platz einfand. Ich genoss diese Gelegenheiten des Gedankenaustausches, und er führte diese trotz seines uneinholbaren Erfahrungsvorsprungs immer auf Augenhöhe.

Nun ergab es sich, dass in dieser Legislaturperiode der Spendenskandal viel Ungemach über die CDU brachte und Helmut Kohl dadurch wie bekannt unter immensen Druck geriet. Ich war damals auch CDU-Kreisvorsitzende in Kiel und innerhalb des Kreisvorstandes wurde laut Unverständnis geäußert, dass er nicht die Namen der Spender bekannt gab. Wir bekamen tatsächlich auch im täglichen Kontakt mit unserer Basis viel Unmut zu spüren. Meine Vorstandskollegen wollten offen gegen Helmut Kohl Position beziehen, und als ich mich dagegen aussprach, forderten sie mich recht resolut auf, ihn hinsichtlich

der Spenden zur Rede zu stellen. Ich wandte ein, dass er mich zu so einem Gespräch doch gar nicht empfangen würde, erhielt aber den klaren Auftrag, es zu versuchen.
Die Abgeordnetenbüros waren damals über mehrere Gebäude verteilt, aber glücklicherweise waren Helmut Kohl und ich im gleichen Gebäude angesiedelt: Unter den Linden 71. Helmut Kohl residierte im 4. Stock, die Schleswig-Holsteinische Landesgruppe im 1. Stock. Also ging ich zu Juliane Weber, der legendären Mitarbeiterin Helmut Kohls, und bat sie um einen Termin. Sie versprach, ihn zu fragen, aber ich war umso überraschter, als ich schon kurz darauf die Antwort erhielt, er würde gerne mit mir sprechen. Als ich so rasch zu dem Gespräch kam, war ich angesichts meines Anliegens doch etwas aufgeregt und erwartete kurz abgefertigt zu werden. Helmut Kohl, der üblicherweise sehr in sich ruhte, empfing mich herzlich und mit dem offensichtlichen Wunsch, über seine Sicht der Dinge zu sprechen.
Das Gespräch dauerte über zwei Stunden und gestaltete sich höchst intensiv – inzwischen hatte sich schon eine Schlange der nächsten Termine vor seinem Büro gebildet – und war geprägt von unerwarteter Offenheit, die mich umso mehr für diesen Menschen einnahm.
Helmut Kohl erzählte mir von seiner Kindheit im Weltkrieg und davon, dass die Eltern ihn Klavier lernen ließen, obwohl er keine Freude daran hatte. Jede Woche kam er zu der Klavierlehrerin, die seine Fortschritte in einem schönen Oktavheft festhielt. Allwöchentlich stand dort »Helmut muss mehr üben.« Eines Tages wurde das Haus, zum Glück als die Klavierlehrerin unterwegs war, von einer Bombe getroffen. Die Klavierstunden waren damit vorbei und der junge Helmut Kohl war froh darüber.

Er erzählte auch von einem engen Freund, der seine Gefühle, seien es Freude oder Kummer, über seine Begabung zu malen, ausleben konnte, und den er dafür sehr beneidete. »Ich«, sagte er, »ich kann nur eine Tulpe malen, mehr nicht.«
Und von diesen beiden Erfahrungen spannte er einen Entwicklungsbogen über die frühen Jahre der CDU nach dem Krieg, für seine jugendliche Begeisterung für die Politik, für das Gefühl, eben dort etwas bewegen zu können und seine Begabung entdeckt zu haben, über die frühen Jahre in Rheinland-Pfalz, die Bonner Republik, die europäische Perspektive mit Deutschland und Frankreich als den zentralen Partnern der Europäischen Union bis hin zur unerwarteten Chance der Wiedervereinigung und den Annäherungsgesprächen mit den damaligen Ministerinnen und Ministern der damaligen DDR.
Als ich ihn auf die Spenden ansprach, sagte er mir schlicht, dass er den Spendern sein Ehrenwort gegeben habe, die Namen nicht zu nennen, und sie deswegen nicht nennen könne. Das war eine Aussage, die der Kreisvorstand akzeptieren konnte; zudem waren die Parteifreunde hochbeeindruckt, dass Helmut Kohl sich mehr als zwei Stunden mit mir unterhalten hatte.
Ich selbst habe Helmut Kohl dadurch sehr persönlich kennengelernt. Vielleicht konnte er nur eine Tulpe malen, aber seine Kraft lag darin, die Nachkriegsordnung in Deutschland zu gestalten und neue Perspektiven für Europa zu entwerfen. Glückliche Jahre hat Deutschland ihm zu verdanken.
Schon als ich ging, sagte er: »Wir müssen uns mal wieder treffen.«
Ich habe Helmut Kohl seitdem öfter besucht, und wir blieben im Gespräch. Er unterstützte mich, signierte seine Memoiren für den schwer erkrankten Vater meines Schwiegersohnes, kam zu meiner Abschiedsfeier im Abgeordnetenhaus, bevor ich OB

wurde, und blieb auch im Herbst seiner politischen Karriere ein hochinteressanter und hochinteressierter Gesprächspartner.

Elefantentreffen im Büro *oder* »Bye-bye Berlin«

Die neue Hauptstadt Berlin verließ ich mit einem lachenden und einem weinenden Auge. Natürlich freute ich mich ungemein auf die Aufgabe, Oberbürgermeisterin in Kiel zu werden, und hatte auch gehörig Respekt davor, aber die Entscheidungshorizonte in Berlin, die Anregungen durch meine politischen Partner und Gegner und die Möglichkeit, die Bundespolitik für Schleswig-Holstein mitzugestalten, wollte ich doch ungern missen. Dazu kam, dass sich in meinem Berliner Büro eine so nette und professionelle Bürofamilie etabliert hatte, dass ich diese nur ungern verließ.

Vor meinem Amtsantritt in Kiel stand jedenfalls die Abschiedsfeier in Berlin. Ich hatte die Fraktionskollegen alle zu uns in die Lobby unseres Schleswig-Holstein-Stockwerkes eingeladen, und es ergab sich eine gemütliche Feier mit den Mitarbeiterinnen und Mitarbeitern, die ein kreatives Geschenk für mich hatten. Plötzlich öffnete sich die zentrale Fahrstuhltür auf der einen Seite, und Helmut Kohl trat heraus, um zur Feier zu kommen. Mich berührte dies, das Team war begeistert. Nur kurze Zeit danach öffnete sich die Fahrstuhltür auf der anderen Seite, und Angela Merkel trat heraus. Auch sie war zur Feier gekommen, damals war sie Fraktionsvorsitzende der CDU, und das Verhältnis zu ihrem ehemaligen, politischen Ziehvater war durchaus angespannt. An diesem Tag spielte das keine Rolle und mir bedeutete das ungemein viel. Angela Merkel hielt eine berühren-

de, bewegende Rede, und die Nähe und die Solidarität, die uns verbanden, waren deutlich spürbar.
Dann ergriff tatsächlich auch Helmut Kohl das Wort, erstaunte mich mit genauer Kenntnis meiner politischen Laufbahn und schloss mit den Worten: »Aber … sie ist immer auch eine ›Eva‹ geblieben.« Uns allen ist dieser Tag, an dem selbst in der Politik alle Differenzen beiseite gelegt wurden, in bester Erinnerung geblieben, und sowohl mit Helmut Kohl als auch Angela Merkel bin ich über die Berliner Zeit in engem Kontakt geblieben.

Silvester auf dem Schliffkopf *oder* »Unerwartete Begegnung über dem Schwarzwald«

Unsere Tochter zog nach ihrer Hochzeit nach Karlsruhe und dann nach Stuttgart. Dort besuchten wir sie zu Weihnachten. Über Silvester wollten Klaus und ich für ein paar Tage Abstand von allem gewinnen und buchten auf Empfehlung unserer Tochter das Hotel Schliffkopf, das an einem der schönsten Punkte der Schwarzwaldhochstraße liegt. Dort oben war es sehr einsam und schön und wir genossen die Spaziergänge und die frische Luft. Am Abend vor Silvester gab es ein herrliches Menü im Restaurant mit Blick über den Schwarzwald. Währenddessen fiel mir auf, dass einer der Tischnachbarn wie Jean-Claude Juncker aussieht. Den damaligen Ministerpräsidenten Luxemburgs schätzte ich aufgrund seiner schon damals ausgeprägten europäischen Visionen. Es war aber höchst unwahrscheinlich, ihn hier in der Einöde zu treffen. Klaus folgte meinem Blick unauffällig und bestätigte meine Vermutung. Inzwischen war unser Blickwechsel am Nachbartisch aufgefallen und so ging ich kurzentschlossen hin und sagte, wer wir sind und woher wir uns kannten. Jean-Claude Juncker, der ein geborener Kommunikator ist, zeigte sich hocherfreut. Am nächsten Tag kam er von sich aus auf uns zu und berichtete, er habe inzwischen mit Helmut Kohl telefoniert und ihm erzählt, dass »seine Freundin Angelika« auch hier sei. Herzliche Grüße miteingeschlossen. Ebenso fröhlich und zwanglos verlief dann der Silvesterabend, den wir mit dem Ehepaar Juncker am Schliffkopf verbrachten. Im Lauf des Abends gingen wir zum Du über und wir lernten in privatem Rahmen die Herzlichkeit und den Humor dieses überzeugten Europäers kennen, dessen diplomatische Fähigkeiten sich als so wichtige Stützen im europäischen Kommunikationsgefüge bewährt haben. Er hatte, wie wir erst kurz vor der Abreise erfuhren, inzwischen sogar die Rezeption des Hotels informiert, dass wir angeblich wichtige Gäste seien – alles geschah mit einem Augenzwinkern und ohne jede Prätention. Und so begann das neue Jahrtausend für uns hoch über dem Schwarzwald in der zauberhaften Gesellschaft des Ehepaars Juncker. Monsieur Le President griff kurz nach Mitternacht erneut zum Telefon, rief in der ihm eigenen Fröhlichkeit und Selbstverständlichkeit Helmut Kohl an, wohl als einer der ersten Anrufer im jungen Jahr, und bestellte beste Grüße von uns allen auf dem Schliffkopf. Und so rutschten wir mit prächtigen Gesprächen, in außergewöhnlicher Gesellschaft und mit herrlichem Blick über Europa ins neue Jahr.

Helmut Kohl in Kiel *oder* »Die Strickjacke und das Fischgericht«

Als die Hermann-Ehlers-Stiftung Helmut Kohl mit dem Preis ihres Namensgebers in Kiel auszeichnen wollte, rief er mich eines Tages an und sagte, dass er mich gerne im Rathaus besuchen würde. Er fügte hinzu: »Sie können gerne auch die Mitglieder der Ratsversammlung und die Journalisten darüber informieren, aber ich möchte bitte nicht über den Spendenskandal reden müssen. Und ich möchte gerne einen guten Fisch.« Ich sicherte ihm beides zu und informierte im nächsten Schritt die Dezernenten und Fraktionsvorsitzenden der Parteien im Rat. Wir konnten uns darauf verständigen, dass wir an diesem Tag den ehemaligen Bundeskanzler als Zeitzeugen empfangen würden. Und so wurde dies ein denkwürdiger Besuch.
Helmut Kohl fuhr vor dem Rathaus vor und umarmte mich herzlich, als er ausstieg. Er trug seine berühmte Strickjacke, in der er schon Michail Gorbatschow empfangen hatte und in der ich nun fast verschwand. Wir gingen dann gemeinsam in mein Amtszimmer, Helmut Kohl sprach ein paar Begrüßungsworte und fühlte sich wohl. Wir saßen alle gemeinsam – unabhängig von politischer Couleur – an einer langen Tafel und kamen ins Reden. Es gab den gewünschten Fisch, Helmut Kohl zog sogar die Strickjacke aus und es gelang ihm, alle Anwesenden mit seinen Erzählungen in seinen Bann zu schlagen.
Der Tag wurde mit einer Überraschung gekrönt, als ich plötzlich auf den Rathausflur gerufen wurde. Da kam gerade Jean-Claude Juncker, der damals Ministerpräsident von Luxemburg war, die Treppe hochgestürmt, um seinen alten Freund Helmut Kohl und mich mit seiner Anwesenheit zu überraschen. Er sollte am Abend die Laudatio für Helmut Kohl halten und war frü-

her angereist. Plötzlich ergab sich so spontan ein europäisches Gipfeltreffen im Kieler Rathaus. Am Abend fand dann in der Aula mit einigen hundert Gästen in der Hebbelschule die Preisverleihung mit einer klugen Laudatio statt und auch hier erwähnte Helmut Kohl den guten Fisch und die guten Gespräche im Rathaus, das sich an diesem Tag in seltener Einigkeit diesem großen Europäer gewidmet hatte.

Angela Merkels Presseschau *oder* »Der blonde Orkan aus dem Norden«

So bezeichnete mich eine der großen Illustrierten des Landes anlässlich der Stichwahl zur Oberbürgermeisterin. Zur Überraschung aller – mich eingeschlossen – hatte ich in der Stadt Kiel, in der immerhin 245 000 Menschen leben, beim ersten Wahlgang der OB-Wahl die absolute Mehrheit um nur 70 Stimmen verpasst. Das war Anlass für einen großen Artikel im besagten Medium über meine Familie, die Enkelkinder und meine politische Freundschaft zu Angela Merkel.
Interessanterweise hatte gerade eine SPD-Kollegin den Begriff erstmals ins Spiel gebracht. Als sie versuchte, der Presse die verheerende Wahlschlappe bei der Kommunalwahl zu erklären, sagte sie: »Das war ein Wirbelwind über Kiel.« Diesen Begriff hatte die Illustrierte dann wohl aufgegriffen und ausgeschmückt. Nun da sich dieser Wirbelwind anschickte, Kiel im zweiten Wahlgang ganz zu erobern, rief mich Angela Merkel, die damals schon Parteichefin und Fraktionsvorsitzende war, an und bot an, kurz vor der Stichwahl nach Kiel zu kommen und Wahlkampf für mich zu machen. Ich freute mich natürlich und

sagte gerne zu. Sie kam an einem sonnigen, aber eiskalten Tag und hatte im Auto die Presseschau zur OB-Wahl einschließlich des »Orkan«-Artikels genau studiert. Vor ihrem Auftritt hatten wir ein paar Minuten Zeit und währenddessen sprach sie mich auf den Artikel an und stellte mir die unerwartete Frage: »Sag mal, wie machst du das eigentlich mit deinem Mann?« So kam es zu einem sehr persönlichen Austausch von Frau zu Frau. Der Auftritt nahte und ihre Rede war mitreißend und sympathisch, statt einer Bühne stand sie auf einem Lastwagen, und es waren mehr als tausend Menschen gekommen. Angela Merkel war schon damals betont volksnah, was die Menschen begeisterte. Nach dem Auftritt hatte sie Appetit und so gingen wir zusammen ins Café Fiedler in der Holstenstraße und bestellten Hering und Bratkartoffeln. Die Menschen um uns herum glaubten ihren Augen nicht und waren schon damals über ihre Natürlichkeit begeistert. Am Sonntag darauf wurde ich gewählt.

Die SMS-Freundschaft *oder* »Per du seit dem Ärger mit der CSU«

Angela Merkel und ich sind befreundet, obwohl wir uns nicht sehr oft begegnen. Es ist eine SMS-Freundschaft. Wir stammen beide nicht aus der jungen Generation der Social-Media-Freaks, aber SMS hat sich für uns als Medium erwiesen, in dem wir mit wenigen Buchstaben viel mehr ausdrücken können, als da geschrieben steht. Die SMS-Kapazitäten der Kanzlerin sind zu Recht legendär.

Lange, lange ist es her, dass wir uns kennen lernten. Wir sind uns zum ersten Mal in Schleswig begegnet, das muss kurz nach der Wiedervereinigung gewesen sein. Anlässlich einer Landesvorstandssitzung kam Angela Merkel als Überraschungsgast dazu, frisch und vergnügt und schon damals mit einem klar erkennbaren politischen Gestaltungswillen, den sie als Junior-Mitglied im Kabinett Kohl auslebte.

Damals habe ich erkannt, dass wir ähnliche Agenden haben und wir haben uns dementsprechend gut verstanden. Wir sind uns dann immer wieder begegnet, vor allem als ich dann in den Bundesvorstand gewählt worden bin. Dort haben wir zehn Jahre Seite an Seite gekämpft und eng zusammengearbeitet. An manchen Tagen ging es sehr konkret um einzelne Themen, bei denen wir uns gegenseitig unterstützt haben, an manchen Tagen gab es auch einmal Gelegenheit, dass wir uns einfach so ausgetauscht haben – von Mensch zu Mensch bzw. von Frau zu Frau in einer doch von Männern dominierten Umgebung. So saßen wir manchmal ganz für uns ins Gespräch vertieft nach einer Sitzung in den Reihen des Bundestags und es stellte sich dort ein Gefühl von Vertrautheit ein. Ich hatte immer den Eindruck, dass wir uns nicht verstellen mussten voreinander, und das ist im politischen Betrieb eine hohe Tugend.

So haben wir gemeinsam viele Höhen und Tiefen des Politikbetriebs durchschritten. Am Tag, an dem sie sich am Morgen mit Edmund Stoiber in Wolfratshausen geeinigt hatte, dass er die Union in die Bundestagswahl führen soll, trafen wir uns am Abend in Magdeburg und damals bot sie mir das »Du« an. Und am Tag ihrer dritten Wiederwahl als Kanzlerin lud sie mich ein und sorgte dafür, dass ich bei ihrer Mutter auf der Tribüne im Bundestag saß. Angela Merkels Mitarbeiter machte uns miteinander bekannt und stellte mich folgendermaßen vor: »Das ist Frau Volquartz, die hat ihre Tochter immer unterstützt.«

Der SMS-Austausch begann mit Geburtstagswünschen und hat sich zu einer interessanten politisch-persönlichen Freundschaft entwickelt. Nach meinem Ausscheiden als Oberbürgermeisterin ging ich durch einige gesundheitliche Schwierigkeiten und trotz allen Trubels in der Welt schickte mir Angela Merkel regelmäßig anteilnehmende, aufmunternde SMS und hat sich so unglaublich um mich gekümmert. Sie vermag es, mit kurzen Botschaften mehr auszudrücken als andere mit langen Reden, und auch in aktuellen Situationen werfen wir uns ab und zu SMS-Bälle zu. Sie wusste immer, dass ich loyal bin, dass ich aber auch kritisch bin. Wir haben beide nie einen Hehl daraus gemacht, dass wir uns so respektieren und gut verstehen. Dazu gehört dann auch, dass wir unterschiedlicher Meinung sein können. Mich riefen manchmal Menschen an und baten mich, Angela Merkel etwas auszurichten. Natürlich mag ich unsere Freundschaft nicht überstrapazieren, aber wenn ich den Gedanken interessant fand, teilte ich ihn mit ihr. Einmal schrieb sie mir auf eine Anregung in der Islamdiskussion: »Nein. Das geht so nicht.« Und zehn Minuten danach blinkte die nächste SMS auf: »Ich habe darüber nachgedacht. Vielleicht kann man es doch so machen.« Allein dieser Dialog zeigt, was ich an Angela Merkel so schätze: Sie ist ein nachdenklicher Mensch und bereit, in ihrem naturwissenschaftlichen Denkansatz, vorgefasste Meinungen jederzeit zu überprüfen. Nach so vielen Jahren in Machtpositionen hat sie es nicht verlernt, menschlich zu bleiben, von den Menschen auszugehen, sich in sie hineinzuversetzen und jede Situation neu zu betrachten.

Natürlich spielt da auch ihre eigene Lebenserfahrung und das Bewusstsein mit hinein, das sich ihr in ihrer Jugend eingeprägt und in verantwortungsvollen Positionen, in denen sie ständig von Journalisten umgeben ist, vertieft hat. »Ich muss aufpassen, was ich sage, aber ich muss trotzdem sagen, was ich denke.« In dem Interesse, einen Ausgleich zwischen verschiedenen Positionen zu erreichen und sich selbst treu zu bleiben, hat sie sich oft als Meisterin erwiesen. Ich jedenfalls bin froh über diesen wertvollen SMS-Kontakt, über ihre Menschlichkeit in kritischen Situationen und das gegenseitige Vertrauen. Als ich ihr einmal schrieb, dass sich unser Enkel Fredi einen Besuch im Bundestag zur Konfirmation gewünscht hat, schrieb sie, wir sollten uns melden, wenn wir da sind, sie würde, wenn möglich, gerne mit ihm zusammentreffen. Faszinierend, dass so viel Persönlichkeit und anrührende Empathie in der großen Maschinerie des Politikbetriebes möglich ist.

Wolfgang Schäuble *oder* »Mein Ritterschlag aus dem Schwarzwald«

In seinen politischen Gestaltungsmöglichkeiten war Wolfgang Schäuble immer ein Schwergewicht innerhalb der Union und hat jahrzehntelang auf allen Ebenen erstklassige Arbeit geleistet. Als Mitglied des Bundesvorstands habe ich ihn besser kennengelernt und lernte seine umsichtige und klare Art und Weise, zu lenken und zu leiten, zu schätzen. Grundsätzlich war ich eher dem Lager um Angela Merkel zuzuordnen, aber manchmal gab es auch innerhalb der Partei abweichende Meinungen und unerwartete Allianzen. Auf einer Klausurtagung diskutierten wir das Thema der Stammzellenforschung lange. Grundsätzlich ging es darum, diese Forschungsperspektive entweder wie in Amerika zuzulassen oder aus ethischen Gründen darauf zu verzichten, was wiederum die Wettbewerbsfähigkeit der deutschen Forschung in dieser Sparte ganz ausgehebelt hätte. Während die einen aus ethischen Gründen keine Experimente an Stammzellen zulassen wollten, beriefen sich die anderen darauf, dass die Forschung außerhalb Deutschlands ohnehin stattfindet und man deswegen in einem klar umrissenen Ausmaß dies auch in Deutschland zulassen sollte. Angela Merkel zählte in diesem Fall zu denen, die keine Experimente mit Stammzellen erlauben wollten, um hier nicht unkontrollierbare Spielereien mit dem menschlichen Genom Tor und Tür zu öffnen. Wolfgang Schäuble führte das Lager der liberaleren Ansicht mit Tendenz zur Erlaubnis der Forschung an. Mich überzeugte seine Haltung, da die Forschung in beschränktem Maß meines Erachtens durchaus positive medizinische Effekte erwarten ließ. In diesem Fall stimmte ich also mit Wolfgang Schäuble, worauf Angela Merkel irritiert reagierte: »Da hättest du doch mit mir stimmen können.« Als ich ihr sagte, dass dies gegen meine wohlüberlegte Überzeugung gewesen sei, dass die Forschung den kranken Menschen nutzen könne, hat sie dies aber gut akzeptiert und die Sache hat uns nicht entzweit.

Wolfgang Schäuble freute sich über mein für ihn wohl überraschendes Votum und bei der nächsten Fraktionssitzung, als es um dieses Thema ging, drehte er sich um und sagte mit dem ihm eigenen Lächeln: »Kollegin Volquartz, darf ich Sie zitieren?« Ich stimmte zu und fühlte mich, als hätte ich einen Ritterschlag aus dem Schwarzwald erhalten.

Golf für den guten Zweck *oder* »Die Königin und ich«

Im Arbeitsalltag einer Oberbürgermeisterin gibt es die alltäglichen, interessanten Arbeitstage, die außergewöhnlichen Arbeitstage und es gibt ganz und gar außergewöhnliche Arbeitstage, deren Erlebnisse selbst Jahre danach irreal erscheinen. Zu diesen Tagen gehörten für mich die drei Besuche, die Königin Silvia von Schweden der Stadt Kiel abstattete. Im Jahr 1999 hatte sie die »World Childhood Foundation« zum Schutz von Kindern gegründet. Seitdem organisierte diese Stiftung in zahlreichen Ländern über 100 Projekte. In Schleswig-Holstein war zugunsten der »World Childhood Foundation« eine Drachenbootregatta im Kieler Yacht-Club und ein Golfturnier im Golfclub in Dänischenhagen geplant. Für die Drachenbootrennen versammelte sich eine internationale Elite aus Weltmeistern und anderen preisgekrönten Segelprofis, das Golfturnier war offener gestaltet, allerdings war die Teilnahme an eine hohe Teilnahmegebühr und ein niedriges Handicap geknüpft. Um ihren Einsatz für die Stiftung zu dokumentieren, reiste die Königin für drei Tage nach Kiel, um beide Events zu begleiten. Da es sich jeweils um einen offiziellen Besuch der Stadt handelte, waren wir im Rathaus protokollarisch gefordert, und es wurde eine Regatta-Begleitfahrt durch private Schiffseigner organisiert, bei der ich die Königin auf ihren Wunsch hin begleiten sollte. Eine Sprachbarriere gab es nicht, war Silvia Sommerlath, so ihr Mädchenname, doch in Heidelberg aufgewachsen und hatte ihren zukünftigen Ehegatten, den schwedischen Thronfolger, bei den Olympischen Spielen 1972 in München kennengelernt, wo sie als Hostess arbeitete. Seit ihrer Hochzeit 1974 lebte sie in Schweden, war aber Deutschland immer verbunden geblieben. Ich war aufgeregt vor der ersten Begegnung, denn es ist ja nicht alltäglich, eine Königin zu treffen. Gleichzeitig sagte ich mir, dass auch gekrönte Häupter nur Menschen sind. Und genau dies faszinierte mich an Königin Silvia, als ich sie dann traf. Sie strahlte Eleganz, Großzügigkeit und eine hohe Zugewandtheit anderen Menschen gegenüber aus und erwies sich als perfekte Botschafterin für ihre Sache. Gleichzeitig war sie entwaffnend charmant, normal und ganz auf dem Boden der Tatsachen verankert.

Unsere erste Begegnung fand auf einem wunderbaren Segelschiff statt, mit dem eine illustre Schar von nur zwölf Gästen die Regatta begleitete. Nach einer herzlichen Begrüßung und etwas »Small Talk« ließ sich Königin Silvia mit Blick auf die Förde und die sie umgebende Stadt die politische und soziale Situation Kiels erklären. Neben dem Segelboot fuhren einige Motorboote mit Journalisten, die ständig Fotos machten, aber das störte uns nicht. Während der Ausfahrt gab es einen Imbiss und auch Obst. Insbesondere die Kirschen hatten es uns beiden angetan. Als ich die erste Kirsche im Mund hatte, dachte ich mir aber plötzlich: »Was mache ich nur mit dem Kern bzw. was macht die Königin wohl mit dem Kern?« Nichts anderes als du und ich: Sie führte die Hand an den Mund, nahm den Kern und legte ihn auf dem Teller ab. Gekrönte Häupter sind, wie gesagt, auch nur Menschen.

Inzwischen hatte sie offensichtlich Gefallen an dem Gespräch entdeckt und die Themen wurden persönlicher. Sie erzählte von ihrem Mann, den Kindern und Enkelkindern, ich erzählte von unserer Familie. Dabei prägte sie eine Aussage, die mich berührte: »Enkelkinder sind das Sahnehäubchen des Lebens.« Kann man es schöner formulieren? Mein Mann Klaus war indessen in das Gespräch mit der sie begleitenden Hofdame vertieft, die aus der Familie von Blixen stammte. Als ausgewiesener Anhänger der Schriftstellerin Tania Blixen ergab das unendlich viel Gesprächsstoff in der Durchdringung der Nähe und Verwandtschaftsverhältnisse.

Am Abend begegneten wir uns wieder beim Diner und der Versteigerung, die als gesellschaftliche Events gleichzeitig auch noch Gelegenheit boten, Spenden für die »World Childhood Foundation« zu sammeln. Im Vorfeld waren potenzielle Förderer und Sponsoren eingeladen worden und es gab eine Versteigerung zugunsten der Stiftung. Auch hier begegnete mir die Königin sehr herzlich, und ich hatte spontan das Gefühl, dass wir uns eigentlich schon länger kennen.

Im nächsten Jahr war der Benefizabend im Kieler Rathaus geplant, und im Gegenzug hatte die Stiftung vorgesehen, dass ein Anteil der Erlöse zugunsten der bedürftigen Kinder in Kiel verwendet wird. Auch dieser Abend war sehr stimmungsvoll. Das Diner fand auf mehreren Ebenen statt, und die Königin und ich haben die Gäste auch auf jeder Ebene begrüßt, was dazu führte, dass wir an diesem Abend unermüdlich treppauf und treppab unterwegs waren. Als wir mit unserer Willkommensrunde fertig waren, sagte die Königin ganz unprätentiös: »Jetzt hab ich richtig Hunger.« Das war die typische Mischung, die sie auszeichnete – als makellose Gastgeberin und Repräsentantin, die nie abgehoben, sondern authentisch, herzlich und nahbar wirkte. Es wurde ein sehr schöner Abend und für das Catering war auch erstklassig gesorgt.

Als es fast schon Mitternacht war und die Veranstaltung ausklang, brachten Klaus und ich die Königin mitsamt ihrer Hofdame zum bereitstehenden königlichen Auto vors Rathaus. Wir haben uns ganz herzlich voneinander verabschiedet. Doch gerade als das Auto losfahren wollte, sprang die Hofdame plötzlich aus dem Auto, rief: »Die Königin hat etwas vergessen«, lief herum und öffnete wieder die Tür, an der die Königin saß. Sie stieg aus, übergab mir eine wunderbare Vase vom schwedischen Hof und sagte dazu: »Die ist nur für Sie.« Davon war ich sehr gerührt.

Tatsächlich sind Geschenke, die man in seiner Funktion erhält, ja Geschenke, die man nach den Compliance-Regeln nicht behalten darf, und ich habe diese Vorgaben immer sehr genau beachtet. Nach meiner Amtszeit habe ich das entsprechende Gremium gebeten, ein paar wenige Geschenke behalten zu dürfen. Die Vase der Königin war dabei.

Im Jahr darauf war der Yacht-Club Ausrichter des Charity-Diners und die Anzahl der spendenwilligen Förderer und Sponsoren war erneut gestiegen – dazu kam eine Auswahl hochkarätiger Preise. Wir saßen am Tisch der Königin, mein Tischherr war ein Vertreter einer Bank, der die Organisation der Versteigerung für die Foundation leitete, mir gegenüber saß mein Mann Klaus. An diesem Abend kam die Versteigerung nicht so recht in Gang, es ging um eine moderne Grafik, da flüsterte mir mein Tischherr leise zu: »Jetzt fangen Sie mal an zu bieten. Dreitausend Euro.« Ich blickte ihn fragend an, und er antwortete: »Wenn es schief geht, übernehme ich das.« Also hob ich die Hand und sagte: »Dreitausend!« Klaus schaute mich fassungslos an und trat mich unter dem Tisch. Ich nickte ihm freundlich zu. Er verstand die Welt nicht mehr. Inzwischen hatte mein Interesse das eines anderen Bieters geweckt und ich war erlöst. Der Zweck der Übung war erfüllt und die Versteigerung kam in Gang. Als sie bei einem hochwertigen Stück erneut stockte, flüsterte mein Tischherr: »Jetzt fünftausend.« Und ich hob die Hand und bot »Fünftausend!« Jetzt wurde Klaus angst und bang, aber auch hier bekamen wir den Zuschlag nicht und freuten uns mit unserem Tischherren über die schönen Erlöse zugunsten der Kinder. Nachdem ich 2009 nicht mehr gewählt worden war, traf ich eines Tages den Manager der Königin, der mich ansprach und berichtete, dass er jedes Jahr zur Vorbereitung der Events zweimal in Stockholm die Königin besucht. Als er nun unlängst mit ihr getagt hatte, um das nächste Event zu organisieren, hatte sie sich nach mir erkundigt und erfahren, dass ich nicht mehr im Amt war. Offensichtlich war die Königin sehr überrascht darüber und unterhielt sich sodann mit ihm eine halbe Stunde über dieses Thema. Offensichtlich hatte sie sogar dem König davon erzählt. Als er mir dies berichtete, hat es mir gezeigt, dass die Herzlichkeit, die ich in all unseren Begegnungen gespürt hatte, echt und gegenseitig war. Zum nächsten Event, das in Strande mit der Königin stattfand, war ich dann als Gast eingeladen, begrüßte mich die Königin und umarmte mich spontan. Unsere Verbundenheit erwähnte sie dann auch in ihrer Begrüßung und mir hat dies viel bedeutet. So waren es vier ganz und gar außergewöhnliche Begegnungen, die ich mit Königin Silvia von Schweden über die Jahre erlebte.

SIEBTES KAPITEL

Stadt in Bewegung

Holstein Kiel und THW *oder* »Sportstadt Kiel«

Glückliches Kiel, das Mekka des Segelsports ist, eines der Topteams der Handballwelt beherbergt und nun auch im Fußball Furore macht. Es gehörte immer zu den schönsten Aufgaben einer Oberbürgermeisterin, zu den Spielen der Heimmannschaft zu gehen, mit den Spielern zu triumphieren oder mitzuleiden. Im Falle des THW Kiel gab es fast immer nur Jubel, so souverän bewegte sich die Mannschaft in der Handball-Bundesliga und auf europäischem Parkett.

Holstein Kiel hat unterdessen im Fußball eine enorme Entwicklung von einem Regionalligaverein hin zu einer professionellen Mannschaft in der Bundesliga gemacht, und dies ist das Werk intensiver Aufbauarbeit und hohen persönlichen Engagements. Gleichzeitig ist der Verein sehr familiär geblieben, und diese Atmosphäre schätze ich bis heute, so dass ich gerne ab und zu zu den Spielen gehe. Es waren die Fußballfans und Unternehmer aus Kiel, die mit ihrer Leidenschaft auch uns Politiker angefeuert haben, die Entwicklung zur Bundesliga-Mannschaft zu unterstützen. So ging es Stufe um Stufe um Investitionen, die teils privat, teils öffentlich gestemmt wurden. Wir beschlossen damals die erste Flutlichtanlage für das Stadion und auch die bundesligataugliche Aufrüstung des Stadions. Die Ratsversammlung stimmte auch dem Aufbau des Jugendzentrums zu und schuf so Strukturen, um den Nachwuchs an Schulen zu rekrutieren. Davon profitiert Holstein Kiel heute enorm, aber eben auch Tausende junger Kicker, die sich so umso mehr mit ihrer Stadt und ihrem Verein identifizieren. Das nennt man »Win-win-Situation«.

Beide Vereine profitieren natürlich von der Arbeit vieler anderer Vereine, die das Angebot so bunt machen und in denen die Kielerinnen und Kieler dem Freizeitsport nachgehen, von »Quidditch« bis zum »Rudern«, vom »Fechten« bis zum »Kegeln«. Gänsehautmomente lieferte der THW Kiel in der Ostseehalle zuhauf, und die Meisterfeiern wurden zu wahren Volksfesten, wenn bis zu 20 000 Fans zum Rathaus zogen, um die Spieler mit dem großen Pokal des deutschen Meisters oder der Champions League hochleben zu lassen.

Boxhandschuhe im Bürgermeisterbüro *oder* »Die Klitschko-Brüder in Kiel«

Eines Tages erreichte uns im Rathaus die Anfrage, in der Ostseehalle eine Boxweltkampfserie mit den Klitschko-Brüdern austragen zu lassen. Dagegen war ja nichts einzuwenden, mich wunderte nur, dass die Anfrage ans Rathaus ging, denn ich hatte sicher nicht vor, Boxhandschuhe anzulegen, und kann bis heute dieser Sportart nichts abgewinnen. Hingehen wollte ich auch nicht. Eine genauere Recherche ergab, dass die Klitschko-Brüder schon damals über den reinen Boxkampf hinaus Botschaften zugunsten eines positiven Miteinanders in einer kompetitiv aufgeheizten Welt senden wollten und dazu den Schulterschluss mit der Stadt und den Menschen vor Ort suchten. Das klang erbaulich, aber so recht konnte ich mir nichts vorstellen. Jedenfalls stimmte ich einem Gespräch zu und, als ich damals Vitali und Wladimir Klitschko zum ersten Mal begegnete, war ich nicht nur von ihrer sportlichen Präsenz beeindruckt, sondern von ihrer Herzlichkeit und Empathie. Sie wollten gerne vor Ort Projekte mit Kindern unterstützen und den Boxsport weg vom reinen Prügelimage hin entwickeln. Das

war ganz in meinem Sinne, wir verstanden uns prächtig und die gemeinsam anberaumte Pressekonferenz erfuhr ein starkes Medienecho.
Vitali und Wladimir waren bestens aufgelegt und präsentierten sich sehr persönlich. Man erkannte, dass die beiden sich sehr ähnlich sind in ihren Haltungen und ihren Bekenntnissen zu gesellschaftlichen Werten, und doch hatte jeder seinen ganz eigenen Charakter. Sie sprachen auch über ihren Alltag zwischen Familie und Boxen, der ungeahnte andere Herausforderungen stellt als in einer Familie, in der die Eltern einem normalen Beruf nachgehen. Die Journalisten waren ebenso begeistert wie ich und neben dem Hauptthema des Boxkampfes erfuhren die sozialen Projekte für junge Menschen viel Interesse. Die beiden haben auch angekündigt, ihre Boxhandschuhe nach dem Kampf meistbietend zu versteigern und den Erlös zu spenden.
Die Stimmung war bestens, dann war es eines Tages soweit und der Boxkampf gegen Danell Nicholson stieg. Um ehrlich zu sein, kann ich mir weder Menschen anschauen, die aufeinander einschlagen, noch kann ich Blut sehen. Ich beschloss, mir das nicht anmerken zu lassen. Wir saßen in einer Loge der Ostseehalle und der Kampf dauerte viel länger als ich es mir je hätte vorstellen können. Bei jedem Schlag zuckte ich leicht bzw. versuchte möglichst viel zur Seite zu schauen. Eine Journalistin von den Kieler Nachrichten merkte das irgendwann und sagte zu mir: »Das ist aber nicht ganz ihr Metier hier, oder? Sie schauen ja dauernd weg.« Ich gab es zu, sagte ihr aber auch, dass ich es großartig finde, dass die beiden Brüder in Kiel sind. Wladimir gewann den Kampf dann souverän. Ich war doppelt froh, erstens über seinen Sieg und zweitens weil es vorbei war. Das Schöne war, dass die Klitschkos seitdem ihre Liebe zu Kiel

entdeckt hatten und wir uns noch öfter begegneten. Anlässlich der Kieler Woche war BMW Hauptsponsor für die Segelwettbewerbe und wollte, um dies zu dokumentieren, ein Imagevideo mit Wladimir Klitschko und der Oberbürgermeisterin an Bord eines Segelbootes drehen. Schon an Land ist der riesige Größenunterschied zwischen uns eklatant: Wladimir Klitschko ist groß gewachsen und muskulös, ich bin klein und eher zierlich, eine Kombination wie Schäferhund und Dackel. Auf dem Schiff hatten wir viel Spaß, auf den meisten Fotos war ich aber gar nicht zu sehen, bis der Fotograf die richtige Perspektive entdeckt hatte.
Einige Jahre danach wurde Vitali Bürgermeister von Kiew und wir waren nun quasi Kollegen, auch wenn dies schon nach meiner Amtszeit war. Schon damals war er als europäisch denkender Verfechter der Menschenrechte aufgefallen und als Mitglied des Vorstands der Hermann-Ehlers-Stiftung hatte ich ihn als Preisträger favorisiert. Er wurde tatsächlich als Preisträger ausgewählt und kam aus diesem Anlass gemeinsam mit seiner Frau wieder nach Kiel. Im großen Rahmen fand eine sehr stimmungsvolle Preisverleihung statt, bei der er spontan vom vorbereiteten Text abwich, sehr persönlich über seine Ängste sprach, die sein beherztes Auftreten während der Proteste in Kiew begleitet hatten, und dass er sich im anstrengenden Alltag oft nicht sicher sei, dass all das sinnvoll sei. Umso mehr, so betonte er, sei es bewegend, dass Menschen in Deutschland und anderswo auf der Welt ihre Unterstützung signalisierten. Er erzählte auch von einer Demonstration, die in die Gewalttätigkeit zu kippen drohte und bei der seine Frau, Natalia Egorova, Modell und Sängerin, spontan zu singen anfing und so die Menge beruhigte. Das war natürlich ein Gänsehautmoment, der nur noch dadurch übertroffen wurde, dass er auch jetzt Natalia

bat, dieses Lied zu singen. Sie stand auf und sang a capella ein ukrainisches Volkslied, das uns zu Tränen rührte. Der ganze Saal stand auf und spendete den beiden Standing Ovations. Ein echter Klitschko-Moment und typisch für die Herzlichkeit dieser beiden Brüder und ihrer Familien.

Feministin *oder* »Meine Enkeltochter und ich«

Meine Enkeltochter sagt, ich sei Feministin. Sie ist inzwischen 19 Jahre alt, und es ist wie bei allen unseren Enkelkindern ein großes Glück für uns, ihr Erwachsenwerden zu verfolgen. Im Fall von Elena kommt der spezielle Glücksfaktor dazu, dass sie, die bei ihren Eltern in Salzburg aufgewachsen und zur Schule gegangen ist, nach der österreichischen Matura Medizin studieren wollte, und ihr die ZVS nun gerade einen Studienplatz in Kiel zugeteilt hat. Sie lebt im Studentenwohnheim nur fünf Minuten von uns entfernt und kommt, wann immer es ihr im Lernstress danach ist, bei uns vorbei. Ab und zu bleibt es da nicht aus, dass die zwei Generationen über Politik diskutieren. Es hat mich gefreut, aber auch überrascht, dass Elena mich als Feministin einschätzt – ich selbst habe mich nie so verstanden, war es doch natürlich für mich, die Gleichberechtigung der Geschlechter anzustreben und zu verwirklichen. Ich mochte mich nie verbissen nur für ein Geschlecht einsetzen und hielt und halte es trotzdem für wichtig, die jahrzehntelange Nichtberücksichtigung und Benachteiligung des weiblichen Geschlechts auszugleichen. Das war für mich ein wesentlicher Anreiz, mich zur Wahl zu stellen und dadurch mein Engagement sichtbar zu machen. In meiner Generation war es so, dass ich erstens immer von Männern dazu aufgefordert wurde und mich zweitens immer Männern im Wettbewerb gestellt habe. Da gingen der konstruktive Gedanke der Förderung einerseits und der der Konkurrenz innerhalb der Partei Hand in Hand. Ich wollte aber nicht gewählt werden, weil ich eine Frau war, sondern ich wollte die Wählerinnen und Wähler mit meinen Haltungen überzeugen und deshalb gewählt werden. Frauennetzwerke, wie es sie heute gibt, waren damals nicht so ausgeprägt, sind für die heutige Generation aber ein wesentlicher Vorteil uns gegenüber.

Umso mehr freut es mich, dass ich scheinbar nicht nur für meine Enkeltochter, sondern auch für die heute junge Generation in der CDU zu einem Vorbild geworden bin. Anlässlich der Kommunalwahlen habe ich angeboten, die jüngeren Kandidatinnen und Kandidaten zu beraten, und neben einigen Männern kam auch eine moderne, selbstbewusste und bestens vernetzte Riege junger Frauen auf mich zu, die solidarisch untereinander agierten und mir signalisierten, dass sie gerne mit mir als »role model« ihre eigenen »Facebook«- und »Instagram«-Posts machen wollten. Das habe ich natürlich gerne getan, sie sind in den Rat gewählt worden und gehen jetzt ihren Weg. So ist es faszinierend, dass jede Generation ihre eigenen Herausforderungen zu meistern hat – von Social Media war bei uns jedenfalls lange keine Rede.

Auf jeden Fall habe ich immer meinen eigenen Kopf gehabt und trotzdem gern aus dem Bauch entschieden. Ich bin überzeugt, dass man bzw. frau in der Politik ohne einen wesentlichen Anteil angeblich typisch männlicher und weiblicher Eigenschaften erreichen kann. Wenn bei uns komplexe Entscheidungen anstanden, habe ich immer erst einmal alle Fakten gesammelt und dann das Pro und Kontra mit meinem Team diskutiert. Meist war es so, dass mich, nachdem alle Fakten abgewogen worden waren, ein Teammitglied ansprach: »Und Chefin, was sagt ihr Bauchgefühl?« Das wurde dann auch diskutiert und dann haben wir entschieden. Nun können Sie selbst entscheiden, ob und inwieweit Sie meinen Ruf als Feministin gelten lassen.

Unsere Freunde *oder* »In guten und in schlechten Zeiten«

Freundschaften sind im Politikbetrieb selten, bzw. weiß man erst, wer echte Freunde sind, wenn der Schmuck des Amtes entfällt. Klaus und ich hatten zum Glück schon vor meiner politischen Karriere einen großen Freundeskreis in Kiel, und die meisten Freundschaften aus Studienzeiten sind uns zum Glück erhalten geblieben. Dazu gekommen sind natürlich auch politische Weggefährten, die sich zu persönlichen Freunden entwickelt haben. Wenn wir heute etwas feiern, sind fast die gleichen Menschen bei uns, mit denen wir schon in unserer Wohnung in der Fleethörn wilde Partys gefeiert haben. Dazu muss ich sagen, dass ich überaus froh bin, dass mir eben diese Freunde es nie übel genommen haben, dass ich oft monatelang in dem Sog der politischen Tätigkeit verschwunden bin und die Freundschaften mir, obwohl sie nicht auf täglicher Basis gelebt werden konnten, nicht aufgekündigt wurden und in all den Jahren nicht nachhaltig gelitten haben. Es blieb zwar nie Gelegenheit, die Freundschaften richtig zu leben, aber ich hatte mich in meinen Haltungen auch nie von unseren Freunden entfernt, und es war tröstlich zu wissen, dass sie da sind und wir füreinander da sind, wenn man einmal eine starke Schulter braucht oder ganz ungeschützt ein paar

Tränen vergießen muss. Ebenso freuen mich die neugewonnenen Freundschaften mit hochinteressanten Menschen aus den Feldern Medizin, Wirtschaft und dem Sozialbereich, die über meine Amtszeit hinaus zu unserem engeren Kreis gestoßen sind. Eine Angewohnheit allerdings, die ich mir vor, während und nach der politischen Zeit erhalten habe, ist es, Briefe zu schreiben. Gerade zu wichtigen Anlässen wie Geburtstagen lag es mir immer am Herzen, handschriftlich zu schreiben, und habe dies immer gepflegt, auch wenn es bedeutet hat, dass ich viele Abende in meinem Büro saß. Das mache ich bis heute gerne und pflege die Kontakte zu all den wunderbaren Menschen überall in Deutschland, die ich kennenlernen durfte. Und für die Freunde in Kiel habe ich jetzt wieder mehr Zeit, was ich sehr genieße.

Orden wider den tierischen Ernst *oder* »Mein Mann und der Karneval«

Herrliche, fünfte Jahreszeit, in der die Lust an der Verkleidung ihre schönsten Blüten treibt. In der Fastnachtsbegeisterung ist Kiel zwar nicht gerade Köln, aber dennoch gibt es in der Stadt alljährlich zur Karnevalszeit für Jung und Alt herrliche Gelegenheiten, sich zu verkleiden, und auch einige rauschende Ballnächte. Im Jahr 2003 jedenfalls ging ich als Oberbürgermeisterkandidatin mitten im Wahlkampf zu einer der großen Karnevalsveranstaltungen im Kieler Schloss. Mein Mitbewerber von der SPD und ich saßen prominent in der ersten Reihe, neben mir saß außerdem Klaus, den ich überredet hatte, mitzukommen, obwohl er sich gerade erst von einem dreiwöchigen, grippalen Infekt erholt hatte. Zu Anfang gab es eine schwungvolle Show, dann wurde der Tanz eröffnet, alles lief bestens, darauf folgte die nächste Showeinlage. Ein Duo von Showzauberern war am Werk, und plötzlich holten sie meinen Mann Klaus auf die Bühne, lenkten ihn mit einer Aufgabe kurz ab und stellten ihn in nicht nachvollziehbarer Geschwindigkeit und einem spektakulären Hebetrick mit purer Muskelkraft in der Luft auf den Kopf. Ich hielt die Luft an, das magische Duo wirbelte meinen Mann weiter durch die Luft und im nächsten Moment stand er wieder wohlbehalten, wenn auch etwas zittrig, auf seinen Beinen. Ich war im Schock, das Publikum aus dem Häuschen, und es gab tosenden Applaus.

Das Einzige, was kaputt gegangen war, war ein abgerissener Smokingknopf, den ich im Laufe des Abends wieder annähte. Der Abend ging genau so grandios und lustig weiter, aber seitdem geht Klaus zum Karneval nur, wenn ich ihm verspreche, dass er nicht verzaubert wird.

Im Jahr 2008 wurde mir der »Orden wider den tierischen Ernst« verliehen. Das ist eine Auszeichnung, auf die ich stolz bin, denn ich befinde mich in einer illustren Preisträgerreihe, angefangen bei Konrad Adenauer, über Heide Simonis und Karl-Theodor zu Guttenberg bis hin zu Daniel Karasek. So bin ich denn nun auf ewig dem Karneval verfallen und gehe jedes Jahr zur Auszeichnung »wider den tierischen Ernst«. Und es ist ja auch so: Ausgelassenheit und Humor kann unsere Welt bei allen Verwicklungen gut gebrauchen.

Auge in Auge *oder* »Wahlkampf macht Spaß«

So manche Politikerin und mancher Politiker haben allergrößte Scheu und Respekt vor dem klassischen Straßenwahlkampf. Ich nicht. Mir macht es Spaß, Auge in Auge mit den Wählerinnen und Wählern zu sein, und ich fürchte mich auch nicht vor Kritik. Mir macht es Freude, die Menschen in der Fußgängerzone am Wahlstand anzusprechen, und ich bin gern mit anderen Menschen zusammen. Mir fiel es schon immer leicht, Kontakte zu knüpfen. Das fing in der Kindheit an, in der Jugendgruppe, im Turn- und Schwimmverein. So war es auch in der Politik und besonders im Wahlkampf. Am CDU-Stand auf der Straße geht es darum, wildfremde Menschen anzusprechen, und das fällt mir nicht schwer. Es ergeben sich immer interessante Gespräche, sei es jemand, der uns freundlich begegnet, oder ein anderer, der seinem Ärger Luft machen will. Erst unlängst hatten wir einen Stand in der Holstenstraße, und der CDU-Generalsekretär Peter Tauber aus Berlin war gekommen und war sich nicht zu schade, Flyer zu verteilen und am gleichen Tag auch noch Hausbesuche zu machen. An diesem Tag sprach mich eine Frau an: »Müssen Sie immer noch Wahlkampf machen?« Darauf sagte ich zu ihr: »Aber nein, ich muss das nicht. Ich möchte es.« Darauf erwiderte sie: »Gut, dann geben Sie mir mal das ganze Material her.« Sie freute sich und ich freute mich. Nur einige Minuten danach kam eine andere, sehr exaltierte Frau mit ihrem Fahrrad, hielt an und begann, zu schimpfen. Das war alles polemisch aufgeheizt, aber ich argumentierte dennoch mit ihr und nahm sie ernst. Das ging sicher 20 Minuten so, bis sie ging. Peter Tauber kam dann zu mir und sagte: »Mein Gott, haben Sie eine Geduld!« Darauf sagte ich ihm: »Ich wusste zwar, dass ich sie nicht überzeugen kann, aber ich wollte ihr zeigen, dass sie uns nicht unwichtig ist.« Sinn und Zweck des Wahlkampfes kann es ja nur sein, um Sympathie für eine bestimmte Politik zu werben und sich den Menschen zu widmen. Auf der Straße können wir deutlich machen, dass wir keine Maschinen sind und persönlich einstehen für unsere Wahlprogramme.

Die jungen Damen und Herren aus der Jungen Union kommen sogar noch heute zu mir und bitten mich: »Mach mit uns Wahlkampf!« Der Aufforderung folge ich gerne und, wenn sich mein Eifer im Wahlkampf auf die junge Generation überträgt, kann das nur nutzen. Die Erfolge bei der Kommunal- und Landtagswahl geben uns recht, und das Arbeiten über die Generationen hinweg ist für die CDU, die in den Städten Nachholbedarf hat, mehr als sinnvoll. Als ich Orts- und Kreisvorsitzende war, habe ich immer die Junge Union gebeten, mit uns auf die Straße zu gehen. Jetzt ist es anders herum. Damals war ich der Motor des Wahlkampfes, heute sind es die jungen Leute, und ich darf etwas anschieben.

Natürlich kommt es vor, dass jemand auf der Straße die Gelegenheit nutzt, Dampf abzulassen, und sich über aktuelle Themen beschwert. Wenn es mir gelingt, ihn oder sie nach dem ersten Redeschwall in ein Gespräch zu verwickeln, habe ich schon gewonnen. Denn dann tauschen wir uns aus. Erst habe ich zugehört, jetzt mein Gegenüber. Und schon kommt Verständnis auf. Politik ist eben nicht immer einfach. Wir werden nie alle überzeugen können, aber zeigen, dass wir es ernst meinen und dass wir da sind und uns einem Gespräch eben nicht entziehen. Und deswegen macht mir Wahlkampf Spaß.

Meine drei Lieblingsplätze *oder* »Meer, Cappuccino und Küstenschnack«

Wenn ich drei Lieblingsplätze in Kiel nennen sollte, fallen mir viel mehr ein. Aber hier ist meine Auswahl.

Nr. 1: Ein langgezogener Lieblingsplatz ist die ganze Strecke der Kiellinie, an der die Stadt vom Ostseeterminal an den Seehunden, dem Sailing-City-Stützpunkt und dem Landeshaus vorbei bis zum Yacht-Club und zur Seebar so lebendig und lebenswert ist.

Nr. 2: Das N.i.L. in der Holtenauer Straße – nirgends anders sind der Cappuccino und der Küstenschnack besser.

Nr. 3: Der Olympiahafen in Schilksee – nirgendwo ist die Stadt maritimer, von hier schweift der Blick über den Strand aufs Meer und in die Weite.

Meine Charity-Kinder *oder* »Ehrenamt aus Überzeugung«

Nach meiner aktiven OB-Zeit fühlte ich mich viel zu jung für den Ruhestand. Nachdem ich die veränderte Situation verarbeitet hatte, begann ich, mich zu fokussieren und zu überdenken, was mir wichtig ist. Da lag es nahe, die schon vorhandenen Ehrenämter auszubauen und neue dazu zu gewinnen. Das Interesse für die Themen Bildung und Jugend war ohnehin geblieben. Das Projekt »Ronald-McDonald-Haus« lag mir schon lange am Herzen und ich hatte seine Entwicklung von Anfang an begleiten dürfen. Der Grundgedanke war und ist, Angehörigen von Kindern, die eine Herzoperation bekommen, auf Zeit unterzubringen und ihnen ein Zuhause nah bei ihrem Kind in schwieriger Situation zu geben. Das Haus in Kiel war das allererste »Ronald-McDonald-Haus« in Deutschland. Die »McDonald's Stiftung« gibt einen Großteil der Finanzierung, aber der laufende Betrieb wird mit über Spenden finanziert. Ich hatte mich früh mit der Jungen Union um Sponsoren gekümmert und auch als Orts- und Kreisvorsitzende sowie während meiner Landtags- und Bundestagszeit immer engen Kontakt gehalten. Als mich die Anfrage ereilte, Präsidentin des Ronald-McDonald-Hauses zu werden, habe ich mit großer Freude zugestimmt. Inzwischen hatten wir in der Familie selbst erlebt, wie wichtig diese Institution sein kann. Unser jüngster Enkelsohn war mit einem angeborenen Herzfehler auf die Welt gekommen und wurde in München operiert – zum Glück sehr erfolgreich und gut. Das alleine war dramatisch genug für die ganze Familie, und genau in dieser Situation war das Münchener »Ronald-McDonald-Haus« auch für uns eine große Hilfe. Aus diesem persönlichen Erleben wurde die Verbindung zum »Ronald-McDonald«-Team nochmals intensiver. Als Schirmherrin konnten wir die NDR-Moderatorin Bettina Tietjen gewinnen. Sie hat sich sehr liebevoll eingebracht, hat mit den Eltern der kranken Kinder im Haus gekocht und auch die Sommerfeste mitgestaltet. Ich habe selten eine Schirmherrschaft so ausgefüllt erlebt wie die von Bettina Tietjen. Gemeinsam ist es uns gelungen, dass dem Haus viele Sponsoren zur Seite stehen. Die große Menschlichkeit derer, die die Infrastruktur dieses Hauses unterstützen, aber auch das ganze Miteinander im Haus von der Hausleitung bis zu den über 20 ehrenamtlichen Mitarbeiterinnen und Mitarbeitern, die im Haus da sind für unsere Herzkinder und ihre Eltern, berührt mich immer wieder.

Schon als Schulleiterin war ich auf die Situation aufmerksam geworden, dass viele Kinder nicht die Gelegenheit haben, eine warme Mahlzeit am Tag zu bekommen. Das war Anlass, dass ich mich für ein anderes Projekt einsetzen wollte: die Aktion »Mach Mittag!«.

Der Ansatz dazu ist ganz einfach: Ausgehend von der Feststellung, dass viele Familien in schwierigen sozialen Verhältnissen leben und die Kinder darunter oft leiden, will die Aktion sicherstellen, dass jedes bedürftige Kind die Möglichkeit hat, mittags eine warme Mahlzeit zu bekommen. Das Angebot ist eine privat finanzierte Ergänzung zu staatlichen Fördermaßnahmen und zum Bundesbildungspaket. Insgesamt profitieren über 4000 Kinder davon in Kiel, und es ist schön, dass so viele Akteure in der Stadt dafür Verantwortung übernommen haben. Das reicht von privaten Jubilaren, die sich statt Geburtstagsgeschenken Spenden für »Mach Mittag!« wünschen, bis zu Firmen, die anlässlich einer Firmenfeier für die Aktion werben. Erst unlängst haben Spenden, die statt Blumen in einem Trauerfall erbeten wurden, die stolze Summe von 12 500 Euro zugunsten der Initiative erreicht.

Sogar Angelique Kerber ist unter den Förderern. Im Jahr 2016 hat sie Preisgelder, die sie in ihrer Entwicklung zur Weltranglistenersten und Siegerin in Wimbledon gewonnen hat, zugunsten von »Mach Mittag!« gespendet. Sie hatte sich informiert, was es in ihrer Heimatstadt für soziale Projekte gibt, war über ihre Familie auf unsere Aktion aufmerksam geworden und beschloss, nachdem ich ihr von dem Projekt persönlich erzählen konnte, sich ebenfalls zu engagieren.

Die Initiative für die Aktion ging von Hannelore und Klaus Murmann aus, die gemeinsam mit mir den Grundstein für

»Mach Mittag!« gelegt haben. Eines Tages lud mich Klaus Murmann zu sich nach Hause ein und sagte: »Chefin, sag an, was können wir Gutes für die benachteiligten Kinder dieser Stadt tun?« In diesem Gespräch entstand der Gedanke für diese großangelegte Initiative. Der ehemalige Arbeitgeberpräsident und seine Gattin, die in Kiel einen ausgezeichneten Ruf als Medizinerin genießt, erklärten sich spontan bereit, eine außerordentlich hohe Summe aus ihrem Privatvermögen zu spenden. Heute leitet ihr Sohn Jan Murmann mit ebenso schöner Großzügigkeit und Herzlichkeit das Projekt mit mir und unserem Team, das u. a. aus unserem neuen OB, Tatjana Moll, Sigrid Norkeweit, Daniel Karasek und Peter Willer besteht. Und ich bin stolz darauf, dass das Modell bundesweit für Furore sorgt und in den Koalitionsvertrag der neuen Regierung aufgenommen wurde.

Es treibt mich nach wie vor an, etwas in der Stadt zu bewegen, für die Menschen da zu sein und etwas Gutes für sie zu tun. Das kann ich auch, wenn ich kein Amt mehr habe. Sicher hat es mit der kontinuierlichen Arbeit über viele Jahre zu tun, dass mein Netzwerk stabil ist und ich mit anderen Menschen ehrenamtlich etwas bewegen kann. Und dieses Miteinander gibt mir nach wie vor Freude am Leben.

Meine Vorbilder *oder* »Spuren im Schnee«

Jeder von uns entdeckt gerne für sich neue Möglichkeiten und Wege und fühlt sich gerne als Entdecker auf neuen Pfaden. Wenn wir genauer hinschauen auf unseren Expeditionen, müssen wir jedoch feststellen, dass es vor uns Spuren im Schnee gibt, dass es Menschen gibt, die uns vorausgegangen sind und die Wege gebahnt haben. Und an sich ist es auch ein beruhigendes Gefühl, dass wir eben nicht alleine sind in unserer Entdeckungsfreude, sondern in den Fußstapfen engagierter Menschen unterwegs sind, die vor uns ausgezogen sind, um ihr Umfeld zu gestalten und zu verändern.

In der CDU hatte ich immer das Gefühl, dass für mich mehrere Komponenten zusammenkamen. Von Quoten war bei meinem Eintritt keine Rede, und ich war eine von wenigen Frauen, die sich engagiert haben. Auf den ersten Blick mag es so erschienen sein, dass wir dadurch bessere Chancen hatten. Tatsächlich hatten wir aber eher weniger Chancen, weil die Männer uns viele Themen gar nicht zutrauten und im Kampf um Listenplätze umso stärker bekämpften. In gewisser Hinsicht hatte ich aber auch einen Exotenstatus, da ich berufstätig war und ein Kind hatte, da ich somit eine Art lebendes Beispiel für die Vereinbarkeit von Familie und Beruf darstellte. Dazu kam, dass ich als authentisch wahrgenommen wurde und durch meine Position im Schuldienst über Führungserfahrung verfügte. Das waren Eigenschaften, die in der CDU damals sonst fast nicht vorkamen. Trotzdem musste ich mich in den Gremien erst einmal durchsetzen und es gab immer genug Männer, die den Ehrgeiz hatten, gegen mich als Frau anzutreten. In diesem Spannungsfeld bin ich sehr dankbar den Menschen gegenüber, die mich all die Jahre durch ihre Empfehlungen, ihre Freundschaft und ihren Zuspruch gefördert und unterstützt haben. An allererster Stelle steht dabei mein Mann Klaus, der mich an die Politik herangeführt hat und die Lust daran, die in mir kommunikativ schon vorhanden war, geweckt hat. Peter Bendixen, ehemaliger Kultusminister, und Wolfgang Böning, ehemaliger Landesrechnungshofpräsident, waren wichtige Gesprächspartner und Ratgeber, haben in wesentlichen Momenten an mich geglaubt und mir den Weg innerhalb der Partei erleichtert. Auch Gerhard Stoltenberg und Klaus Murmann waren mir wichtige Ratgeber. Sie haben mir gespiegelt, dass es gut ankommt, wenn ich authentisch bin und offen auf die Menschen zugehe, dass Politik nicht nur aus eigenem Reden, sondern zu gleichen Teilen aus zugewandtem Zuhören besteht, dass Humor und Lachen in der Politik erlaubt sind und dass über allem das Interesse an den Menschen steht – unabhängig von irgendwelchen Bewertungskriterien.

Auf Bundesebene waren es insbesondere Angela Merkel und Volker Bouffier, die mich freundschaftlich begleitet haben und denen ich für den gemeinsamen Weg dankbar bin. Es macht mich froh und stolz, gemeinsam mit ihnen Spuren im Schnee hinterlassen zu haben, die die nächste Generation – sei es bewusst oder unbewusst – ein Stück weit leiten können.

ACHTES KAPITEL

Wünsche

Ausblick in die Zukunft *oder* »Meine Zukunftswünsche«

Das 70. Lebensjahr habe ich nun überschritten, und viele meiner Lebensträume haben sich erfüllt. Umso klarer weiß ich, was ich mir für die Zukunft wünsche:
In persönlicher Hinsicht wünsche ich mir, dass meine Familie und ich gesund bleiben, dass wir das Erwachsenwerden der Enkelkinder miterleben dürfen.
Für die Stadt wünsche ich mir, dass die kommunalen Handlungsträger den Mut beweisen, umfassend zu denken und ihre Meinung eben nicht nur nach dem Parteibuch richten. Auf kommunaler Ebene muss nicht alle fünf Jahre alles neu erfunden werden, die Mitarbeiterinnen und Mitarbeiter der Stadt leisten in den meisten Bereichen ohnehin erstklassige Arbeit. Ich wünsche mir, dass die Stadt von Menschen gelenkt wird, die sich mit Herz und Hirn auf das Wesentliche konzentrieren, entscheidungsfähig sind und für ein gesundes Gleichgewicht zwischen Ökologie und Ökonomie sorgen. Wenn eine Stadt wie Kiel für Familien attraktiv sein will, muss sie kinderfreundlich sein. Dazu gehört es, die Vereinbarkeit von Familie und Beruf zu fördern und ein attraktives Umfeld in der Stadt zu schaffen. Ein Vorbild dafür kann Kopenhagen sein, wo die Menschen als Fußgänger und Radfahrer den Stadt- und Verkehrsraum, insbesondere den Hafen und das Zentrum, erobert haben und Autostraßen verlagert wurden, ohne die Mobilität in der Stadt insgesamt zu gefährden. Ehemalige Industrieareale sind attraktive Lebensräume mitten in der Stadt geworden. Für Kiel wird insbesondere das MFG5-Areal in Holtenau eine ähnliche Chance bieten. Wenn die Stadt lebens- und liebenswert sein soll, brauchen die Menschen Arbeitsplätze und Erholungsräume. Die

Kinder der Stadt sollen in einer naturnahen und kulturgeprägten Stadt aufwachsen dürfen, im Theater mögliche Schicksale durchspielen und erträumen und im Museum Geschichte(n) erfahren dürfen. Eine Stadt ohne Stadtkultur wäre eine öde Stadt.
Für die Landespolitik wünsche ich mir, dass Schleswig-Holstein eigenständig bleibt und seine Rolle im Bund stärkt. Aus meiner Sicht ist die Identität eines Bundeslandes wichtig, und es würde weder Hamburg noch Schleswig-Holstein gut tun, daraus ein Bundesland zu formen. Die Menschen in Schleswig-Holstein erleben ihr Bundesland als ihre Heimat und sind durch die gemeinsame Geschichte verbunden. In der Hauptstadt Berlin sollten die Abgeordneten aus Schleswig-Holstein Farbe bekennen und einfordern, dass wir nicht von der rasanten Entwicklung der digitalen Infrastruktur und dem Ausbau der Verkehrswege abgekoppelt werden. Die Dänen sind seit Jahren begierig darauf, den Fehmarnbelttunnel zu realisieren, und es ist weder einsehbar noch erklärungsfähig, dass die deutsche Seite nicht einmal den Anschluss an diese europäische Achse schaffen kann. Die skandinavischen Länder sind wichtige Nachbarn und Partner in unserer Region, und es ergibt Sinn, die Nähe dorthin und nach Hamburg zu nutzen, um eine starke, gemeinsame wirtschaftliche Entwicklung zu ermöglichen und auch das Potenzial für sanften Tourismus in guter, hanseatischer Verbundenheit weiter auszubauen.
In Hinblick auf die Landes- und Bundespolitik denke ich, dass wir eine veränderte Parteienlandschaft erwarten müssen. Ich wünsche mir, dass CDU und auch die SPD starke Volksparteien bleiben und neue Konstellationen wie zum Beispiel »Jamaika-Koalitionen« selbstverständlich werden. Gleichzeitig werden wir uns daran gewöhnen müssen, dass die Politik – ähnlich wie in

Dänemark – auf wechselnde Mehrheiten angewiesen sein kann. Für Europa wünsche ich mir, dass sich die EU-Länder auf ihre gemeinsamen europäischen Werte besinnen, denn diese verbinden sie mehr, als sie trennen. Die gemeinsame europäische Identität ist wichtig, um Strategien gegen die unerwünschten Folgen der Globalisierung zu entwickeln und auch den demokratischen Erosionstendenzen entgegenzuwirken, die uns aus Amerika, Russland und der Türkei erreichen. Es werden immer persönliche Kontakte sein, die uns miteinander verbinden, und deswegen plädiere ich stark dafür, mit den Menschen anderer Länder im Gespräch zu bleiben, so wie es Städtepartnerschaften ermöglichen.

Die Fußballweltmeisterschaft in Russland hat uns – unabhängig vom deutschen Abschneiden – ein freundliches Land zugewandter Menschen gezeigt, Deutschland und die Türkei sind über viele persönliche Beziehungen eng miteinander verbunden und auch die transatlantische Freundschaft sollte nicht dauerhaft unter der Launen- und Sprunghaftigkeit eines übersteigerten Egos leiden. Ich wünsche mir, dass die Ausfälle, die wir in Hinblick auf Respekt, Stil und Verlässlichkeit von den politisch Verantwortlichen in diesen Ländern erfahren, kein Maßstab für die Zukunft sind.

Und ich wünsche mir, dass mehr von uns bereit sind, für unser Leben und Zusammenleben Verantwortung zu übernehmen. Genau das ist nämlich Politik. Nicht mehr und nicht weniger. Das beginnt damit, dass die Menschen miteinander reden. Und sich Gedanken machen über die Gestaltung dessen, was sie umgibt. Und die Ideen, die sich im Dialog ergeben, umsetzen. Das ist Politik, so wie ich sie mir wünsche.

Daten und Fakten

Angelika Volquartz, Oberbürgermeisterin a. D.
*02.09.1946 in Uelzen

Abitur, Lehramtsstudium an der Christian-Albrechts-Universität zu Kiel, Realschullehrerin

1985–1992	Rektorin der Kieler Freiherr-vom-Stein-Schule
1982–1990	Bürgerliches Mitglied
1990–1992	Mitglied der Kieler Ratsversammlung
1992–1998	Mitglied des Schleswig-Holsteinischen Landtages
1998–2003	Mitglied des Deutschen Bundestages
2003–2009	Oberbürgermeisterin der Landeshauptstadt Kiel

- Ehrenbürgerin der Christian-Albrechts-Universität
- Kuratorium der Christian-Albrechts-Universität
- Vorstandsmitglied der Schleswig-Holsteinischen Universitäts-Gesellschaft
- Ehrensenatorin des Instituts für Weltwirtschaft
- Mitglied des Verwaltungsrats der Gesellschaft zur Förderung des IfW
- 1989–2012 Mitglied des Landesvorstandes der CDU Schleswig-Holstein
- 2000–2010 Mitglied des CDU-Bundesvorstandes
- Mitglied des Vorstandes Hermann-Ehlers-Stiftung
- Botschafterin der Stiftung »Bildung macht stark« Kiel
- Präsidentin des Freundeskreises Ronald-McDonald-Haus Kiel
- Patin Mehrgenerationenhaus Kiel
- 2004–2009 Schirmherrin Hospiz Kieler Förde
- 2010–2016 Vorsitzende des Kuratoriums Hospiz Kieler Förde
- Verdienstorden des Landes Schleswig-Holstein
- ZONTA-Ehrenmitglied
- Bundesverdienstkreuz am Bande

Danksagung

Mein Dank gilt all jenen Menschen, die mein Leben durch die Begegnung mit ihnen reicher an Erlebnissen, bunter, fröhlicher und sinnvoller gemacht haben. Ohne sie gäbe es diese Lebensnotizen nicht. Ich danke meinem Mann Klaus, der mir immer der engste und wichtigste Gesprächspartner und Berater ist, meiner Tochter Tina, die meine politische und berufliche Laufbahn mit viel Geduld und Liebe begleitet hat, und meinem Schwiegersohn Philip, ohne dessen Hartnäckigkeit, meine Notizen zu Papier zu bringen, es dieses Buch nicht gäbe. Sven Murmann und Olaf Irlenkäuser des Wachholtz Verlages danke ich, dass sie an die Idee dieses Buches geglaubt haben. Ingeborg Dornbusch, die Schwester meiner Mutter, hat durch eigene Aufzeichnungen ein Signal gesetzt. Und ich danke meinen Enkeln Elena, Julius und Frederik für ihre Inspiration und ihre Impulse, die uns jung halten.

FSC
www.fsc.org
MIX
Papier aus verantwortungsvollen Quellen
FSC® C008322

1. Auflage 2019

Gesamtherstellung: Wachholtz Verlag
Printed in Europe
ISBN 978-3-529-05030-5

Besuchen Sie uns im Internet:
www.wachholtz-verlag.de